SOUS VIDE KESEMPURNAAN

100 Resipi Memasak Vakum Inovatif untuk Hidangan Lazat Secara Konsisten

Jane Soon

Buku berikut diterbitkan semula di bawah dengan matlamat untuk menyediakan maklumat yang setepat dan boleh dipercayai. Walau apa pun, pembelian buku ini boleh dilihat sebagai persetujuan kepada fakta bahawa kedua-dua penerbit dan pengarang buku ini sama sekali tidak pakar dalam topik yang dibincangkan di dalam dan bahawa sebarang cadangan atau cadangan yang dibuat di sini adalah untuk tujuan hiburan sahaja. Profesional harus dirujuk seperti yang diperlukan sebelum melakukan sebarang tindakan yang disahkan di sini.

Pengisytiharan ini dianggap adil dan sah oleh Persatuan Peguam Amerika dan Jawatankuasa Persatuan Penerbit dan mengikat secara sah di seluruh Amerika Syarikat.

Tambahan pula, penghantaran, penduaan atau pengeluaran semula mana-mana karya berikut termasuk maklumat khusus akan dianggap sebagai perbuatan yang menyalahi undang-undang tidak kira sama ada ia dilakukan secara elektronik atau cetakan. Ini meliputi penciptaan salinan sekunder atau tertiari karya atau salinan direkodkan dan hanya dibenarkan dengan kebenaran bertulis nyata daripada Penerbit. Semua hak tambahan terpelihara.

Maklumat dalam halaman berikut secara umumnya dianggap sebagai akaun fakta yang benar dan tepat dan oleh itu, sebarang ketidakpedulian, penggunaan, atau penyalahgunaan maklumat yang dipersoalkan oleh pembaca akan menyebabkan sebarang tindakan yang terhasil di bawah bidang kuasa mereka semata-mata. Tiada senario di mana penerbit atau pengarang asal karya ini boleh dalam apa jua cara yang dianggap bertanggungjawab atas sebarang kesulitan atau kerosakan yang mungkin menimpa mereka selepas menerima maklumat yang diterangkan di sini.

Selain itu, maklumat dalam halaman berikut hanya bertujuan untuk tujuan maklumat dan oleh itu harus dianggap sebagai universal. Sesuai dengan sifatnya, ia dibentangkan tanpa jaminan mengenai kesahihan yang berpanjangan atau kualiti sementara. Tanda dagangan yang disebut dilakukan tanpa kebenaran bertulis dan sama sekali tidak boleh dianggap sebagai

Sommario

I PENGENALAN

Sous vide (Perancis) juga dikenali sebagai memasak lama bersuhu rendah, ialah kaedah memasak di mana makanan diletakkan di dalam kantung plastik atau balang kaca dan dimasak dalam tab mandi air lebih lama daripada masa memasak biasa (biasanya 1 hingga 7 jam , sehingga 72 jam atau lebih dalam beberapa kes) pada suhu yang dikawal dengan tepat.

Memasak sous vide kebanyakannya dilakukan menggunakan mesin peredaran rendaman haba. Suhu adalah jauh lebih rendah daripada biasa digunakan untuk memasak, biasanya sekitar 55 hingga 60 °C (130 hingga 140 °F) untuk daging merah, 66 hingga 71 °C (150 hingga 160 °F) untuk ayam itik, dan lebih tinggi untuk sayur-sayuran. Tujuannya adalah untuk memasak item secara sekata, memastikan bahagian dalam dimasak dengan betul tanpa terlalu masak di luar, dan untuk mengekalkan kelembapan.

Memasak sous vide adalah lebih mudah daripada yang anda fikirkan, dan biasanya melibatkan tiga langkah mudah:

- Pasangkan periuk ketepatan anda pada periuk air dan tetapkan masa dan suhu mengikut tahap kesedapan yang anda inginkan.
- Letakkan makanan anda dalam beg yang boleh ditutup dan klipkannya ke tepi periuk.
- Selesai dengan membakar, memanggang atau memanggang makanan untuk menambah lapisan luar yang rangup dan keemasan.

Dengan kawalan suhu yang tepat di dapur, sous vide memberikan faedah berikut:

- Konsisten. Kerana anda memasak makanan anda pada suhu yang tepat untuk jumlah masa yang tepat, anda boleh mengharapkan hasil yang sangat konsisten.
- rasa. Makanan masak dalam jusnya. Ini memastikan makanan itu lembap, berair dan lembut.
- Pengurangan sisa. Makanan yang disediakan secara tradisional menjadi kering dan mengakibatkan pembaziran. Sebagai contoh, secara purata, stik yang dimasak secara tradisional kehilangan sehingga 40% daripada jumlahnya kerana kekeringan. Steak yang dimasak melalui masakan ketepatan, tidak kehilangan jumlahnya.
- Fleksibiliti. Masakan tradisional mungkin memerlukan perhatian berterusan anda. Memasak ketepatan membawa makanan ke suhu yang tepat dan menahannya. Tidak perlu risau terlebih masak.

- **Gulung panggang dalam jaring bacon**

bahan-bahan untuk 10 bahagian

- 4 kg pinggang babi
- 2 pek krim keju (krim keju kalungan)
- Lada
- 2 biji bawang
- 6 sudu besar. Gosok (gosok paprika) atau rempah pilihan anda
- 500 g Bacon, dihiris, lebih tebal sedikit
- 200 g keju Cheddar, dalam satu bahagian
- 250 g daging lembu kisar
- 250 ml Sos Barbeku

Persediaan

Jumlah masa lebih kurang. 2 hari 1 jam 30 minit

Anda memerlukan benang dapur untuk mengikat, periuk sous vide dan pengedap vakum termasuk kerajang pengedap.

Potong salmon babi dengan potongan rama-rama supaya hirisan daging besar dan rata dibuat (untuk mengambil langkah ini lebih dekat akan melampaui skop. Terdapat banyak video di Internet, di mana ini diterangkan dengan sangat baik. Ia sebenarnya tidak sains roket). Jika perlu, ketuk sekali lagi dengan pelembut daging atau periuk seperti schnitzel.

Sementara itu, potong bawang menjadi jalur atau cincin dan masukkan ke dalam mangkuk. Tambah dua sudu besar campuran rempah dan uli dengan teliti sehingga bawang kehilangan struktur tegarnya. Sapukan baki sapuan pada permukaan daging. Sapukan keseluruhan krim keju ke atas permukaan daging dan ratakan. Keluarkan kira-kira 18 jalur daging dari pembungkusan dan sapukan sebelah menyebelah di atas keju krim. Sapukan bawang perasa ke seluruh permukaan. Potong lebih kurang. 2.5 - 3 cm lebar, jalur memanjang dari blok keju. Letakkan ini pada salah satu daripada dua sisi yang lebih panjang di pinggir permukaan daging. Gulung permukaan daging bermula dari keju cheddar menjadi sosej secara ketat dan dengan sedikit tekanan. Ikat panggang di kira-kira 4 tempat dengan benang dapur supaya ia tidak hancur.

Letakkan panggang dalam beg pengedap dan vakum. Kira-kira Masak selama 24 jam dalam mandi sous vide pada suhu 60 ° C.

Keesokan harinya, letakkan jaring bacon daripada baki bacon (petua saya dengan video internet juga terpakai di sini). Gulung panggang di dalamnya. Tutup hujungnya dengan daging cincang yang diperisakan dengan sapuan supaya keju cair tidak boleh habis. Berus dengan sos barbeku.

Goreng dalam ketuhar yang dipanaskan hingga 150 ° C pada parut rel tengah. Adalah dinasihatkan untuk meluncurkan lembaran pembakar di bawah rak dawai untuk menangkap sos dan lemak yang menitis. Selepas kira-kira 30 minit, sayukan panggang semula. Selepas 30 minit lagi, sos dikeringkan hingga berkilat dan panggang sudah siap.

Langkah terakhir juga boleh dilakukan dengan haba tidak langsung pada panggangan arang atau gas. Saya melakukan ini sendiri dan menghisap panggang dalam masa yang sama. Walau bagaimanapun, varian dengan ketuhar hampir sama lazat.

- **Dada ayam dalam herba mustard**

Bahan-bahan untuk 4 hidangan

Untuk daging:

- 2 ekor besar dada ayam tanpa kulit
- 1 ulas bawang putih
- 1 Rosemary
- 3 daun salam
- 25 g mentega
- Garam dan lada laut

Untuk sos:

- 25 g mentega
- 1 biji bawang besar
- 1 ulas bawang putih kecil
- 2 sudu besar. tepung
- 50 ml Wain putih, lebih kering
- 250 ml stok ayam
- 5 utas kunyit
- 200 ml krim
- Herba, campuran, pilihan anda
- 1 sudu teh mustard
- Pati makanan
- gula
- Jus lemon
- Garam dan lada sulah
- 2 cakera Gouda, zaman pertengahan

Persediaan

Jumlah masa lebih kurang. 1 jam 23 minit

Panaskan mandian Sous Vide hingga 65 ° C.

Belah separuh dada ayam memanjang supaya dua potong kecil dibuat. Garam, lada sulah dan masukkan ke dalam beg sous vide. Kupas dan hiris bawang putih. Sapukan bersama rosemary, daun bay dan mentega pada daging. Vakum semuanya dan 30 min. Masak dalam tab mandi air.

Cairkan mentega dan perapkan bawang besar dan bawang putih yang dicincang halus sehingga lut sinar. Taburkan dengan tepung dan cairkan dengan wain putih dan sup. Masukkan kunyit dan segala-galanya kira-kira 15 min. reneh dengan api perlahan. Keluarkan daging dari mandian Sous Vide dan beg dan letakkan dalam hidangan pembakar.

Masukkan krim, herba dan mustard ke dalam sos. Tuangkan stok dari beg melalui penapis rambut halus ke dalam sos, jika perlu, ikat dengan kanji dan perasakan dengan garam, lada, gula dan jus lemon. Jika anda mahu, anda hanya boleh menambah herba pada bahagian paling akhir dan puri sos secara ringkas terlebih dahulu.

Tuangkan sedikit sos ke atas daging, ia tidak sepatutnya ditutup sepenuhnya dan ditutup dengan separuh keping keju selama kira-kira 7 - 8 min. masak dengan api atas penuh.

Hidangkan baki sos tambahan.

Ia sesuai dengan nasi dan salad, tetapi juga kentang atau pasta.

- **Lamb sous-vide - tanpa hangus**

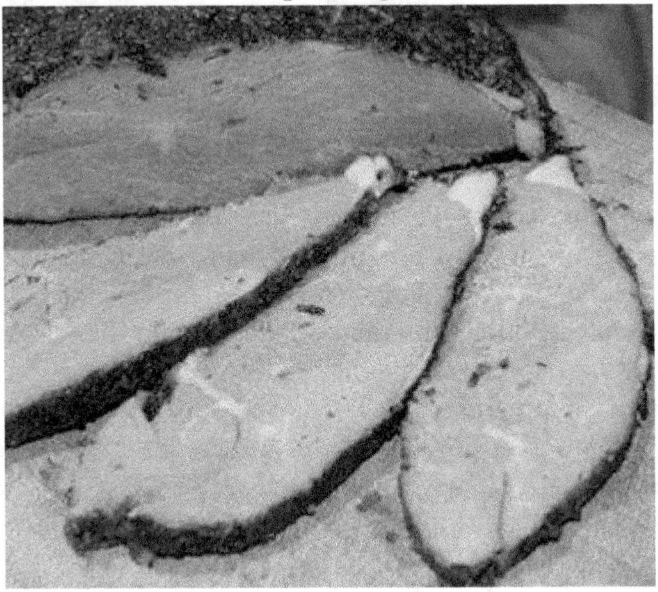

Bahan-bahan untuk 4 hidangan

- 4 pinggul kambing, 180 g setiap satu
- 3 sudu besar. heapedherbs Provence
- 2 sudu besar. minyak zaitun

Persediaan

Jumlah masa lebih kurang. 2 jam 10 minit

Panaskan ketuhar sous vide yang sesuai kepada 54 °C.

Mula-mula pusingkan pinggul kambing dalam herba, kemudian masukkan minyak ke dalam beg yang sesuai untuk sous vide dan vakum. Daging hendaklah pada suhu bilik.

Biarkan ia masak dalam tab mandi air selama 2 jam.

Petua: Keseronokan walaupun sejuk.

- **Pulpo dalam mentega chorizo**

Bahan-bahan untuk 4 hidangan

- 400 g Octopus, (Pulpo), sedia untuk dimasak
- 1 ulas bawang putih, dihiris besar
- 1 daun salam
- 50 ml wain merah, kering
- 2 sudu besar. minyak zaitun
- 1 lada benggala besar, merah
- 200 g tomato ceri, dibelah dua
- 100 g mentega
- 100 g Chorizo, dalam kepingan nipis
- 1 ulas bawang putih, dihiris halus
- Garam salai
- Serbuk cili
- garam laut
- Minyak

Persediaan

Jumlah masa lebih kurang. 2 jam 20 minit

Panggang lada dalam ketuhar yang dipanaskan hingga 200 ° C sehingga kulit menjadi hitam dan mudah dikeluarkan. Potong secara kasar lada yang telah dikupas dan diadu dan tetapkan ketuhar kepada 150 ° C. Potong separuh tomato ceri, letakkan permukaan yang dipotong pada lembaran penaik yang diminyaki dengan baik, taburkan dengan garam laut dan masukkan ke dalam ketuhar.

Vakum pulpa bersama hirisan bawang putih, daun bay, wain merah dan minyak zaitun dan letakkan di dalam tab mandi air yang dipanaskan hingga 72 ° C (mandi sous-vide). Pulpo dan tomato kedua-duanya mengambil masa kira-kira 1.5 jam.

Sejurus sebelum tamat masa memasak, cairkan mentega dalam kuali yang tidak terlalu panas dan panggang sedikit hirisan chorizo dan kiub bawang putih. Masukkan serbuk paprik, kiub paprika dan tomato ceri, gaul rata dan perasakan dengan garam salai dan serbuk cili, kemudian keluarkan dari api.

Keluarkan pulpa dari minuman, keringkan, potong kepingan kira-kira 5 mm tebal dan tambah pada mentega chorizo .

Sesuai: baguette segar, kentang panggang rosemary, ravioli yang diisi dengan bacon dan ricotta.

Memandangkan pulpo biasanya mempunyai berat jauh lebih daripada 400 g, beberapa hidangan boleh dimasak dalam mandi sous-vide pada masa yang sama, disejukkan dalam air ais selama sekurang-kurangnya 10 minit dan kemudian dibekukan dengan cepat. Jika perlu, jana semula dalam mandian panas 70 ° C.

- **Burung puyuh bayam**

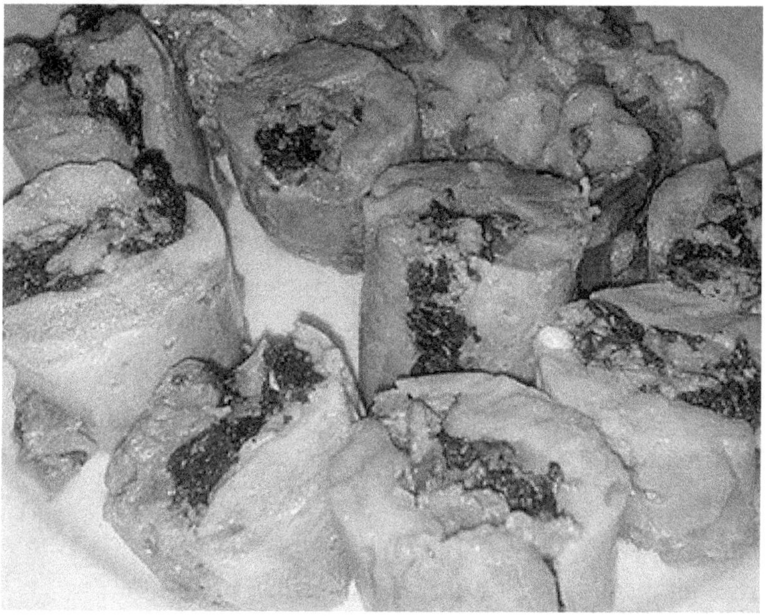

Bahan-bahan untuk 1 bahagian

- 1 burung puyuh
- 1 fillet dada ayam
- 50 g bayam, dicelur
- 150 ml krim
- 100 g sauerkraut
- 20 g lobak merah, dipotong dadu halus
- 20 g gula snap
- 10 g lobak pedas, segar
- 4 ekor kecil Kentang, masak tepung, sudah masak
- Herba secukup rasa
- Garam dan lada sulah
- Mentega yang telah dijelaskan

Persediaan

Jumlah masa lebih kurang. 2 jam

Potong dada ayam menjadi kepingan dan puri dengan bayam. Perasakan farce dengan garam dan lada sulah.

Tanggalkan daging puyuh dari tulang dan garam sedikit. Ratakan payudara pada balutan vakum. Sebarkan sandiwara bayam di atas dan tutup semuanya dengan kaki puyuh. Balut dalam filem dan bentukkan menjadi gulungan. Sekarang hamparkan gulungan dan letakkan di dalam tab mandi air pada suhu 58 ° C. Biarkan ia curam dalam kira-kira 1 jam.

Sementara itu, panaskan sauerkraut segar dengan krim, masukkan lobak merah yang dicelur dan dipotong dadu, kacang pis gula dan kentang rebus. Biarkan semuanya mendidih sebentar dan kemudian perasakan dengan lobak pedas.

Keluarkan kerajang dari gulungan puyuh. Goreng sebentar gulungan dengan herba di sekelilingnya.

Potong menjadi kepingan dan hidangkan.

- **Payudara Turki dipotong dalam kot lada**

Bahan-bahan untuk 4 hidangan

- 1 kg payudara ayam belanda
- 6 sudu besar. stik lada
- 2 sudu besar. gula tebu mentah

Persediaan

Jumlah masa lebih kurang. 6 jam

Campurkan lada stik dan gula mentah. Pusingkan dada ayam belanda dalam adunan dan tekan ke bawah dengan baik. Vakum semua dalam satu beg. Panaskan peranti sous-vide hingga 80 darjah. Letakkan beg di dalam tab mandi air selama lebih kurang. 4 jam.

Keluarkan dan biarkan sejuk dalam beg. Apabila dada ayam belanda sejuk, keringkan, potong nipis (cold cut).

Sesuai dengan asparagus.

- **Salmon dengan caper pada salad**

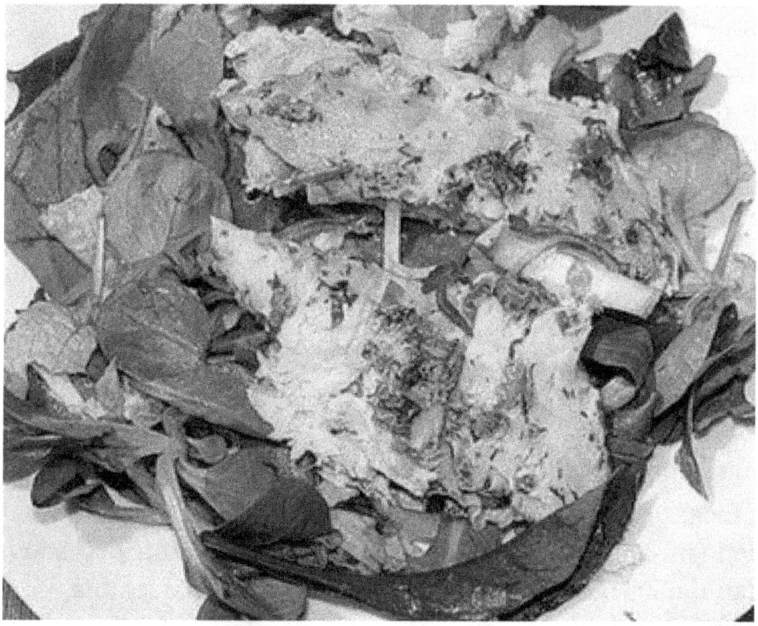

Bahan-bahan untuk 2 hidangan

- 300 g Salmon fillet tanpa kulit
- 2 sudu besar. kaper
- ½ ikat dill
- 1 beg Salad, dicampur
- 1 m Bawang, merah
- 2 sudu besar. Balsamic, gelap
- 1 sudu besar. sos ikan
- 1 sudu besar. Minyak zaitun
- 1 sudu kecil lada

Persediaan

Jumlah masa lebih kurang. 50 minit

Cincang halus 1 sudu besar. caper dan dill. Gosok salmon dengan campuran ini. Masukkan salmon dalam beg sous vide dan dalam tab mandi air pada suhu 55 darjah selama 35 minit. menapai.

Potong bawang menjadi cincin halus dan potong caper yang tinggal, kemudian campurkan dengan cuka balsamic, sos ikan, minyak zaitun dan lada.

Keluarkan salmon dari beg dan bahagikan kepada kepingan besar. Campurkan salad dengan sos dan letakkan salmon suam di atasnya.

- **Payudara itik**

Bahan-bahan untuk 2 hidangan

- 2 Isi dada itik dengan kulit
- 50 g lobak merah, dipotong dadu halus
- 50 g akar pasli, potong dadu halus
- 50 g Bawang merah, dihiris halus
- 50 g epal, dipotong dadu kecil
- 50 g prun, dipotong dadu halus
- 1 jari Bawang putih, dihiris halus
- 20 g Halia, dihiris halus
- 100 ml Sup sayur atau sup, tanpa garam
- 50 ml kicap, gelap, dibancuh secara semula jadi
- 3 sudu besar. jus lemon
- 1 sudu kecil serbuk Paprika bertimbun, manis mulia
- ½ sudu kecil Lada, putih, dikisar halus
- Lemak itik
- garam

Persediaan

Jumlah masa lebih kurang. 2 jam 35 minit

Goreng semua bahan potong dadu kecil dalam periuk yang telah digris, kacau beberapa kali. Set pemanggang ringan mungkin terbentuk. Deglaze dengan sup, kicap dan jus lemon dan longgarkan dengan sudu kayu. Masukkan lada dan lada sulah. Sekarang biarkan sos mendidih sedikit selama kira-kira 10 minit. Kemudian gaulkan dengan pengisar tangan dan biarkan sejuk sedikit.

Bilas isi dada itik, keringkan dengan kertas dapur dan potong kulit dalam bentuk berlian dengan pisau tajam. Pastikan tidak memotong daging. Isi fillet dengan sos yang telah disejukkan dalam beg kalis vakum dan hamparkan.

Sekarang isi periuk besi tuang dengan air, letakkan termometer di dalamnya dan panaskan air hingga 62 ° C pada medan aruhan. Apabila suhu dicapai, masukkan beg tertutup dan tutup periuk. Sekarang adalah penting untuk memantau suhu air selama 120 minit. Ia tidak menjadi masalah pada periuk aruhan untuk memastikan suhu stabil.

Selepas 2 jam keluarkan beg, tepuk daging sedikit kering, masukkan sos ke dalam periuk dan panaskan. Goreng daging dalam kuali yang panas dan digris pada bahagian kulit selama 1 min. Dan pada bahagian daging selama 30 - 45 saat.

Susun bersama sos dan hidangkan bersama nasi, pasta atau segala jenis kentang.

- **Telur onsen bakar pada bayam**

Bahan-bahan untuk 2 hidangan

- 4 biji telur, kualiti terbaik
- 80 g bayam, beku
- 10 g Bawang, dihiris halus
- 20 g lobak merah
- 50 g ketam Laut Utara
- 40 g krim keju
- 50 g mentega
- 50 g Panko
- Garam dan lada sulah
- Buah pala
- Jus lemon

Persediaan

Jumlah masa lebih kurang. 1 jam 10 minit

Telur onsen ialah telur yang dimasak dalam mata air panas Jepun, yang dipanggil onsen, pada suhu antara 60 dan 70 ° C. Akibatnya, kuning telur masak, tetapi bukan putih telur - kerana itu mengambil masa sekurang-kurangnya 72 °C.

Tetapkan peranti sous vide kepada 63 ° C, dan apabila suhu dicapai, masak telur dalam mandi air selama 60 minit pada 63 ° C.

Sementara itu, potong dadu bawang besar dan lobak merah, boleh masukkan sayur-sayuran lain seperti lada atau cendawan, masukkan bayam dan masak. Perasakan dengan baik dengan garam, lada sulah dan buah pala.

Campurkan ketam dengan keju krim. Mungkin laraskan semula konsistensi dengan sedikit jus lemon, jika perlu perasakan dengan garam dan lada sulah - bergantung pada rasa.

Keluarkan telur dari cangkerang, lap lebihan putih telur dengan jari anda. Tinggalkan mentega dalam kuali. Gulungkan kuning telur dalam panko dan goreng sebentar hingga kekuningan di kedua-dua belah.

- **Ayam gulung dengan serbuk roti**

Bahan-bahan untuk 4 hidangan

- 4 Dada ayam, atau peha
- 250 g roti gulung
- 1 biji telur
- 100 ml susu
- Garam dan lada sulah
- Herba, dicampur

Persediaan

Jumlah masa lebih kurang. 3 jam 30 minit

Cetuskan dada atau peha ayam dan biarkan kulit keseluruhan yang mungkin.

Buat ladu daripada kiub roti, telur, susu dan rempah ratus. Campurkan semua dan biarkan ia curam.

Letakkan daging rata pada filem berpaut, perasakan dan atas dengan ladu. Bentuk menjadi gulungan, letakkan pada kulit dan balut dengan filem berpaut.

Vakum dan masak dalam tab mandi air pada suhu 68 ° C selama kira-kira 3 jam.

Keluarkan dari kerajang dan sama ada goreng sebentar dalam ketuhar yang telah dipanaskan pada 220 ° atau api dengan penunu gas.

Potong dan hidangkan.

Juga sejuk atau suam sebagai permulaan atau dengan bufet.

- **Buta no kakuni**

Bahan-bahan untuk 6 hidangan

- 1 kg perut babi tanpa tulang
- 100 ml kicap
- 100 ml Mirin
- 100 ml sake
- 2 sudu besar. sos ikan
- 3 sudu besar. gula
- 3 ulas bawang putih
- 6 cm akar halia
- 3 biji bawang besar

Persediaan

Jumlah masa lebih kurang. 1 hari 12 jam 40 minit

Mula-mula potong perut babi, idealnya ia harus mempunyai lapisan lemak dan daging yang sama yang mungkin, potong lebih kurang. 3 cm kiub. Perut boleh disediakan dengan cara yang sama dengan atau tanpa kulit.

Mula-mula letakkan kiub dengan bahagian lemak di bawah dalam kuali panas dan gorengnya dengan kuat. Oleh kerana sesetengah lemak larut serta-merta, tiada lemak tambahan diperlukan. Kemudian goreng dari sisi lain dan keluarkan dari kuali.

Campurkan mirin, sake, kicap, gula dan sedikit sos ikan. Kupas dan hiris bawang putih dan halia, cincang kasar bawang besar.

Vakum semuanya bersama-sama dengan kiub perut babi dan biarkan ia meresap dalam periuk sous vide pada 64 darjah selama 36 jam. Sudah tentu, ia juga lebih cepat jika anda memilih suhu yang lebih tinggi, tetapi kemudian lemak tidak berubah menjadi enamel tulen dan halus dengan begitu ideal.

Apabila masa memasak tamat, keluarkan kiub daging dari beg memasak dan biarkan ia hangat di dalam ketuhar pada suhu 65 ° C. Biarkan cecair memasak berkurangan semula sehingga ia mula menjadi pekat. Untuk menghidangkan, tutup kepingan perut babi dengan sos yang sangat aromatik.

Buta no Kakuni diterjemahkan daripada bahasa Jepun kiub perut babi yang dimasak dengan lembut. Variasi hidangan ini terdiri khususnya dalam perapan / cecair memasak dan masa memasak. Kerana memasak perlahan yang dikehendaki, resipi ini amat sesuai untuk periuk sous vide.

- **Cendawan peha ayam**

Bahan-bahan untuk 2 hidangan

Untuk pembalut:

- 1 Jus oren, jusnya, lebih kurang. 100 ml
- 50 ml cuka Balsamic Modena
- 1 cili lada, merah
- 2 sudu besar. Minyak zaitun, dara

Untuk perapan:

- 70 ml kicap
- 10 ml cuka beras
- Sos Worcestershire, beberapa titis
- 1 sudu kecil. Campuran rempah (serbuk paprika, serbuk ketumbar, gula perang)
- Bawang putih 2 jari, lebih segar
- 6 ketul ayam
- Untuk salad:
- 75 g salad jagung, dibersihkan dan dibasuh
- 1 Bawang, ed
- 1 lada benggala, merah
- 1 tandan Ketumbar, lebih segar

Untuk sayur-sayuran:

- 400 g Cendawan, segar
- 1 sudu besar. Sayang
- 1 sudu besar. Badam, dicincang
- Mentega atau minyak yang diperjelas untuk menggoreng
- Selain itu:
- Garam dan lada sulah

Persediaan

Jumlah masa lebih kurang. 10 jam

Untuk perapan kicap, sedikit cuka beras (lebih kurang 10 ml) dan beberapa titik sos Worcestershire, campurkan dalam bekas yang sesuai. Masukkan gula perang, madu, serbuk paprika dan serbuk ketumbar secukup rasa (1 sudu kecil). Akhir sekali kupas bawang putih segar dan tekan ke dalam bahan perapan. Campurkan stik drum ayam dengan bahan perapan dan sejukkan sekurang-kurangnya 30 minit - sebaiknya semalaman. Tiada had untuk perapan itu sendiri. Perkara utama ialah rasanya sedap.

Untuk pembalut, campurkan jus jus oren yang baru diperah dalam nisbah 2: 1 dengan cuka balsamic. Bermakna: 100 ml jus oren pada 50 ml cuka balsamic. Kemudian masukkan lada cili yang dicincang halus dan sedikit garam dan lada sulah ke dalam sos. Pada akhirnya, pukul minyak ke dalam vinaigrette.

Jumlah ini memberikan sos untuk kira-kira 4 hidangan. Saya suka menyimpannya dan kemudian menggunakannya pada hari berikutnya.

Basuh dan bersihkan salad kambing dan campurkan dengan separuh bawang merah yang dicincang halus (bergantung kepada saiz dan rasa, sudah tentu) dan lada. Petik ketumbar dan gaulkan juga. Garam dan lada sulah.

Bersihkan cendawan, potong menjadi kepingan dan rebus mereka dalam kuali panas - sebaik-baiknya dalam mentega yang dijelaskan, tetapi minyak juga boleh. Garam dan lada sulah. Tambah sedikit madu dan taburkan dengan badam dan sayukan cendawan di bawah kuali.

Toskan ayam dengan baik selepas diperap dan vakum, kemudian masak pada suhu 73.9 darjah Celsius selama 1 jam. Potong beg di satu sudut dan tuangkan cecair. Ratakan paha di atas loyang dan sama ada rangupkannya sebentar di bawah panggangan atau (seperti yang saya lakukan) nyalakannya dengan penunu Bunsen.

Berus dengan baki pembalut dan hidangkan panas di sebelah salad dan cendawan kambing.

Petua: Anda juga boleh membakar ayam dalam ketuhar.

- **Beetroot carpaccio dengan itik oriental**

Bahan-bahan untuk 2 hidangan

- 2 ubi bit
- 1 pek keju Feta
- 1 sudu kecil, mustard Dijon yang ditimbun
- 1 sudu teh madu
- 1 tandan Ketumbar, sebagai alternatif pasli daun rata
- 2 sudu besar. Balsamic, lebih ringan
- 2 sudu besar. Minyak walnut atau minyak bijan, sebagai alternatif minyak zaitun
- 2 sudu besar. Cointreau, alternatif jus oren
- Garam dan lada sulah
- 1 genggam kacang pain, sebagai alternatif kacang walnut
- 1 sudu besar. biji lada
- 2 Carnation
- 1 sudu teh kayu manis
- 1 sudu kecil serbuk buah pelaga
- 5 lada sulah
- 12 biji ketumbar
- ½ sudu kecil serbuk cili
- ½ sudu kecil paprika
- ½ sudu kecil serbuk halia
- 1 buah dada itik
- Mentega yang telah dijelaskan

Persediaan

Jumlah masa lebih kurang. 50 minit

Ubi bit dalam air garam lebih kurang. 20 min. masak, biarkan sejuk dan potong halus. Sebagai alternatif, gunakan ubi bit yang telah dimasak.

Potong feta menjadi kepingan nipis. Sediakan pinggan dengan ubi bit dan feta.

Untuk pembalut, campurkan madu, cuka balsamic, jus oren, mustard, perasakan dengan garam dan lada tanah.

Bakar rempah yang tinggal dalam kuali tanpa minyak, biarkan ia sejuk sedikit, dan kemudian mortar. Masukkan adunan perasa dalam beg beku, masukkan dada itik. Sedut udara keluar dari beg dan simpulkannya. Tuangkan air mendidih ke atas beg dalam periuk, 10 min. Biarkan ia curam, tuangkan air dan tuangkan air mendidih ke atasnya lagi, biarkan ia curam lagi selama 10 min.

Panggang kacang pain atau biji walnut pada masa ini. Letakkannya di atas pinggan. Cincang kasar ketumbar atau pasli.

Keluarkan dada itik dari beg penyejuk beku dan masukkan ke dalam mentega jernih atau seumpamanya. Goreng selama 4-5 minit pada setiap sisi. Masukkan kuah ke dalam dressing. Biarkan daging berehat sedikit dan potong nipis yang mungkin. Letakkan kepingan di atas pinggan.

Tuangkan dressing ke atas carpaccio. Sapukan herba cincang di atas pinggan.

- **Fillet daging lembu yang sempurna**

Bahan-bahan untuk 1 bahagian

- 1 Daging lembu
- 2 ulas bawang putih
- 3 Rosemary
- 7 cendawan
- 2 biji bawang besar
- Minyak untuk menggoreng
- Garam dan lada sulah

Persediaan

Jumlah masa lebih kurang. 2 jam 15 minit

Buka pembungkusan fillet daging lembu dan keringkan, kemudian tutupkannya dengan rosemary dan bawang putih yang dikupas dalam beg vakum. Letakkan beg di dalam tab mandi sous vide pada suhu 53 - 54 ° C. Daging tinggal di sini selama 2 jam.

Bersihkan cendawan dan bawang besar dan potong menjadi kepingan. Apabila daging keluar dari tempat mandi, anda boleh mula menyediakan ulam supaya ia masih mempunyai gigitan dan tidak sepenuhnya masak.

Keluarkan daging dari beg dan panggang di atas panggangan menggunakan kaedah flip-flip, iaitu pusing setiap 20 - 30 saat sehingga kerak yang elok terbentuk.

Goreng cendawan dan daun bawang selama lebih kurang 5 - 10 minit dalam kuali panas dan perasakan dengan sedikit lada sulah dan garam.

- **Salad pulpa dengan air liur**

Bahan-bahan untuk 4 hidangan

- 400 g Sotong (Pulp tentacle)
- 5 cl Noilly Prat
- 5 cl minyak zaitun, lembut
- 150 g Queller (Salicornes)
- 12 biji tomato ceri
- 30 g pistachio
- 1 Bawang, ed
- 1 genggam garam
- Garam laut, kasar
- Untuk vinaigrette:
- 4 cl cuka Sherry
- ½ ulas bawang putih
- 8 cl Minyak zaitun, lembut
- 1 sudu kecil. mustard Dijon
- Lada (lada gunung Tasmania), baru dikisar
- gula
- garam

Persediaan

Jumlah masa lebih kurang. 5 jam 30 minit

Vakum sesungut pulpa bersama Noilly Prat dan minyak zaitun dan masak dalam mandi air pada suhu 77 ° C selama 5 jam. Sebagai alternatif, masak sesungut bersama-sama dengan minyak dan Noilly Prat dalam pemanggang dalam ketuhar pada sekitar 90 ° C - walau bagaimanapun, daging tidak mendapat konsistensi tahan gigitan lagi lembut seperti kaedah sous-vide.

Sementara itu, tutup tebal bahagian bawah loyang atau lembaran pembakar dengan garam laut kasar, letakkan tomato yang dibelah dua di atas garam dengan permukaan yang dipotong menghadap ke atas dan keringkan dalam ketuhar pada suhu 110 ° C selama kira-kira 2 jam. Tomato perlu dikurangkan kepada kira-kira separuh jumlahnya. Kemudian keluarkan dari ketuhar, biarkan sejuk dan berhati-hati keluarkan garam. Garam boleh "selama-lamanya" digunakan semula untuk proses pengeringan yang serupa.

Rebus air liur sebentar dalam air mendidih, sejukkan dengan cepat dan keringkan.

Panggang biji pistachio kering di dalam ketuhar pada kira-kira 150 ° C ke tahap pemanggangan yang diingini (jangan terlalu lama sehingga kehilangan warna hijaunya) dan biarkan ia sejuk.

Potong bawang menjadi cincin nipis, campurkan dengan segenggam garam dan biarkan ia curam selama satu jam. Kemudian bilas dengan teliti dan rendam dalam sekurang-kurangnya satu liter air sejuk selama satu jam lagi. Toskan air dan keringkan bawang dengan teliti.

Hancurkan bawang putih halus dan pukul dengan cuka sherry, minyak zaitun dan mustard menjadi emulsi. Perasakan dengan lada gunung, gula dan garam. Lada gunung - yang sebenarnya bukan lada sama sekali - harus jelas rasa dengan nota bunga dan buahnya.

Pada akhir masa memasak, keluarkan beg Pulpo dari tab mandi air dan sejukkan dengan cepat dalam air ais. Potong sesungut menjadi kepingan kasar dan sajikan dengan komponen yang tinggal.

- **Daging babi tenderloin**

Bahan-bahan untuk 3 hidangan

- 500 g fillet babi (panggang babi)
- 750 g kentang
- 750 g lobak merah
- Mencairkan mentega
- Garam dan lada sulah
- gula

Persediaan

Jumlah masa kira-kira 2 jam 30 minit

Lumurkan daging dengan mentega cair, garam dan lada sulah. Balut banyak, banyak lapisan filem berpaut dan pastikan tiada udara di bawah filem itu. Kemudian simpulkan hujung filem beberapa kali pada kedua-dua belah pihak.

Daging sebenarnya harus dimeteraikan dengan alat vakum, tetapi mereka yang tidak mempunyai peranti sedemikian boleh menggunakan kaedah filem berpaut. Adalah penting bahawa daging benar-benar dimeteraikan, jadi lebih baik menggunakan terlalu banyak daripada tidak cukup foil.

Letakkan pada periuk air dan panaskan pada suhu tepat 60 ° C. Di atas dapur elektrik ini adalah antara tahap 1 dan 2 (daripada 9). Mengekalkan suhu ini dengan tepat adalah sangat penting untuk hasilnya, jadi rancang sedikit masa untuk pembajaan! Kemudian masukkan daging yang dibungkus ke dalam periuk dan biarkan ia masak selama dua jam tanpa penutup. Kemudian cairkan mentega dalam kuali besi tuang yang sangat panas selama beberapa saat dan karamelkan daging di dalamnya supaya terhasil kerak coklat yang cantik.

Untuk rissole kentang goreng, potong kentang menjadi kiub lebih kurang. 1 cm panjang (atau gunakan kentang bayi yang sangat kecil dan dipotong dadu) dan masukkan ke dalam kuali dengan air sejuk. Didihkan air dan masak kentang selama dua minit, kemudian tapis.

Cairkan mentega dalam kuali besi tuang yang sangat panas dan goreng kentang sehingga ia bagus dan perang. Kemudian letakkan kuali dengan kentang dalam ketuhar yang dipanaskan hingga 180 ° C. Goreng kentang sehingga ia siap.

Untuk lobak karamel, potong lobak merah secara bersilang kira-kira 2 cm panjang dan kemudian empatkan. Tuangkan air secukupnya ke dalam kuali bersalut yang bahagian bawahnya hanya ditutup. Masukkan kepingan mentega, gula dan lobak merah. Reneh sehingga sirap perang dibuat dan pusingkan lobak merah di dalamnya.

- **Roulade daging lembu dengan ragout tomato**

Bahan-bahan untuk 4 hidangan

1. 8 Roulade, daripada daging lembu
2. 1 cabang rosemary
3. 150 g Tomato, kering, jeruk dalam minyak
4. 2 ulas bawang putih
5. 50 g Zaitun, hitam
6. 100 g Parmesan, dalam satu bahagian
7. 3 ketul isi ikan bilis
8. 2 sudu teh caper
9. garam
10. Lada dari pengisar
11. Untuk ragout:
12. 500 g tomato ceri
13. 1 cabang rosemary
14. Oregano
15. selasih
16. 4 sudu besar minyak zaitun

Persediaan

Jumlah masa lebih kurang. 1 jam 40 minit

Panaskan dahulu periuk suhu rendah (periuk sos vide) kepada 58 ° C untuk roulades. Semasa memanaskan, basuh rosemary, keringkan, petik jarum dan cincang halus. Toskan tomato kering dan kupas bawang putih. Potong tomato, bawang putih, caper, fillet ikan bilis dan buah zaitun menjadi kiub yang sangat kecil dan parut parmesan secara kasar. Untuk sandiwara, masukkan semua bahan yang disediakan kecuali tomato dalam mangkuk atau dalam lesung dengan sedikit minyak dan kacau dengan kuat menjadi sejenis bubur supaya semua bahan bercampur.

Letakkan hirisan daging sebelah menyebelah di atas permukaan kerja. Berus dengan sandiwara, biarkan tepi bebas. Gulungkan daging dari bahagian yang sempit. Sama ada secara individu atau maks. Vakum 2 roulade dalam beg. Masak dalam ketuhar bersuhu rendah selama 1 jam.

Keluarkan roulade, perasakan dengan garam dan lada sulah dan tumis sebentar di semua bahagian dalam kuali.

Untuk ragout tomato, basuh tomato dan herba dan goncang sehingga kering. Petik jarum atau daun dan cincang halus. Masukkan tomato bersama herba dalam beg vakum dan perasakan dengan garam dan lada sulah. Masak dalam ketuhar bersuhu rendah pada 85 ° C selama 40 minit.

- **Entrecote dengan gratin kentang**

Bahan-bahan untuk 2 hidangan

Untuk daging:

- 500 g entrecote
- 4 tangkai rosemary
- 4 tangkai thyme
- 2 daun salam
- 50 g mentega

Untuk gratin:

- 900 g kentang berlilin
- 450 ml krim putar
- 1 ulas bawang putih
- 250 g keju gratin
- 3 secubit garam, lada sulah, buah pala
- 3 pukulan wain putih

Persediaan

Jumlah masa lebih kurang. 90 minit

Panaskan tab mandi air pada suhu yang dikehendaki. Panaskan ketuhar hingga 180 ° C (ketuhar kipas).

Masukkan entrecote dengan rosemary, thyme, daun bay dan mentega ke dalam beg vakum dan campurkan semuanya dengan baik.

Beg vakum daging, masukkan ke dalam tab mandi air dan biarkan ia masak selama 70 minit.

Kupas, belah dua dan potong kentang menjadi kepingan nipis (biarkan kentang yang dipotong dalam bentuknya, jangan dipisahkan).

Belah separuh ulas bawang putih dan gosokkan hidangan pembakar dengan murah hati.

Letakkan bahagian kentang yang telah dipotong ke dalam loyang. Apabila lantai ditutup, susun dengan tenang di atas satu sama lain. Tuangkan krim dan wain ke atasnya, perasakan dengan garam, lada sulah (kentang boleh mengambil banyak garam) dan parut buah pala di atasnya. Taburkan keju di atas campuran krim kentang dan luncurkan hidangan pembakar ke dalam ketuhar yang telah dipanaskan selama 60 minit.

Panaskan kuali ke tetapan tertinggi, jika ia mula berasap, tambah mentega dan stik dan panggang sebentar di semua bahagian sehingga kerak seragam terbentuk. Panaskan peranti pada api yang paling tinggi untuk penyediaan dalam daging lembu. Laraskan sisipan supaya daging berada 1 cm dari penunu. Masukkan parut ke dalam daging dan bergantung pada ketebalan, stik stik selama 15-30 saat pada setiap sisi.

Letakkan daging di atas pinggan yang telah dipanaskan, garam dan hidangkan dengan gratin.

- **Salad buah dengan zabaione**

Bahan-bahan untuk 2 hidangan

Untuk salad:

- 2 biji pir
- 1 biji anak nanas
- 10 buah strawberi
- 10 anggur meja gelap
- 2 buah kiwi
- 4 tangkai rosemary
- 4 tangkai thyme
- 1 genggam pudina segar
- 3 sudu teh gula tebu perang
- 4 sudu besar rum
- 1 sudu teh garam

Untuk Zabaione:

- 4 biji kuning telur
- 4 sudu teh gula
- 100 ml wain putih
- 1 pukulan amaretto (pilihan)

Persediaan

Jumlah masa lebih kurang. 150 minit

Panaskan mandi air hingga 60 ° C.

Potong pir memanjang menjadi lapan, keluarkan inti, taburkan sedikit garam dan bahagikan tangkai rosemary ke dalam dua beg.

Potong kulit nanas, belah buah memanjang dan potong tangkai. Taburkan gula perang, masukkan ke dalam beg, masukkan daun pudina dan haluskan dengan rum.

Basuh strawberi dan keringkan. Belah memanjang dan bahagikan kepada dua beg.

Basuh anggur, keringkan, belah dua memanjang dan masukkan ke dalam beg foil.

Kupas dan empat buah kiwi dan masukkan ke dalam beg dengan tangkai thyme.

Masak strawberi selama 15 minit. Kemudian keluarkan beg dari air dan biarkan ia sejuk dalam mangkuk dengan air sejuk.

Panaskan mandi air hingga 65 ° C. Masukkan kiwi dan anggur ke dalam air dan, jika perlu, pasangkan beg pada periuk dengan pasak pakaian. Masak selama 15 minit. Keluarkan beg dan letakkan di dalam besen air sejuk dengan strawberi.

Panaskan mandi air hingga 75 ° C. Masukkan pear dan masak selama 30 minit. Keluarkan beg dan masukkan ke dalam air sejuk.

Panaskan mandi air hingga 85 ° C. Masukkan beg nanas dan masak selama 90 minit. Masukkan dalam air sejuk.

Potong beg foil, keluarkan herba dan susun buah di atas pinggan.

Sediakan zabaione sejurus sebelum dihidangkan. Untuk melakukan ini, pisahkan telur dan masukkan kuning ke dalam mangkuk logam. Tambah gula, wain dan amaretto dan pukul campuran di atas mandi air mendidih selama kira-kira 1 minit sehingga konsistensi berkrim. Hidangkan bersama salad buah.

- **Sous vide lobak merah**

Bahan-bahan untuk 2 hidangan

- 6 lobak merah bersaiz sederhana
- 3 secubit garam
- 2 sudu teh gula tepung
- 2 sudu minyak zaitun

Persediaan

Jumlah masa lebih kurang. 40 minit

Panaskan tab mandi air hingga 75 ° C.

Kupas lobak merah dan potong memanjang di tengah.

Letakkan dalam beg foil, tuangkan minyak dan gula aising ke atasnya dan gaul rata dalam beg.

Vakum lobak merah dan masukkannya ke dalam tab mandi air panas selama 35 minit.

Selepas masak, keluarkan lobak merah dari tab mandi air dan panaskan kuali pemanggang pada tetapan tertinggi sehingga wap naik. Masukkan lobak merah, tekan perlahan dan goreng lebih kurang. 2 minit sehingga anda boleh melihat corak panggang yang bagus.

- **Dada ayam rangup dengan salad**

Bahan-bahan untuk 2 hidangan

Untuk daging:

- 1 dada ayam keseluruhan (dengan kulit)
- 50 g mentega
- 1 sudu teh garam, lada
- Minyak rapeseed atau bunga matahari (untuk menggoreng)

Untuk salad:

- 2 biji hati selada besar (lettuce romaine)

Untuk pembalut

- 3 ekor ikan bilis (dari gelas)
- 1 ulas bawang putih
- 5 sudu jus lemon
- 250 g crème fraîche
- 3 sudu besar minyak zaitun
- 150 g parmesan
- 3 secubit lada hitam

Untuk kepingan roti (crostini)

- 4 keping ciabatta
- 4 sudu teh minyak zaitun
- 1 ulas bawang putih

Persediaan

Jumlah masa lebih kurang. 60 minit

Panaskan mandi air hingga 60 ° C dengan kayu sous vide.

Garam, lada sulah dan masukkan dada ayam ke dalam beg foil. Masukkan mentega.

Tutup beg, masukkannya ke dalam tab mandi air, pasangkannya pada kuali dan masak selama 60 minit.

Untuk pembalut, tambah bawang putih, ikan bilis, minyak, crème fraiche dan jus lemon ke dalam mortar dan tumbuk semuanya dengan teliti sehingga pes terbentuk (sebagai alternatif, sudah tentu, anda juga boleh menggunakan pengisar tangan atau pemproses makanan). Perasakan dengan lada dan jus lemon. Garam tidak diperlukan kerana ikan bilis memberi perasa secukupnya.

Potong salad menjadi jalur nipis dan basuh dengan teliti dalam colander di bawah air sejuk.

Apabila masa memasak untuk dada ayam telah tamat, letakkan kuali pemanggang di atas dapur dan panaskan pada tetapan tertinggi.

Keluarkan beg foil dari tab mandi air, keluarkan daging dan keringkan dengan kertas dapur. Apabila kuali mengukus, tambahkan sedikit minyak rapeseed atau bunga matahari dan letakkan ayam di dalam kuali, kulit menghadap ke bawah. Tekan perlahan jalur gril pada lompatan.

Siram hirisan ciabatta pada kedua-dua belah dengan minyak zaitun. Masukkan ke dalam kuali dan goreng sebentar di kedua-dua belah.

Masukkan sos ke dalam salad dan lipat. Potong dada ayam dan letakkan di atas salad. Tuangkan parmesan ke atas salad. Gosok crostini dengan setengah ulas bawang putih dan hidangkan bersama salad.

- **Fillet daging lembu pada kentang tumbuk**

Bahan-bahan untuk 3 hidangan

Untuk daging:

- 350 g fillet daging lembu
- 30 g mentega
- 2 tangkai rosemary
- 2 tangkai thyme
- 1 ulas bawang putih, potong nipis
- garam

Untuk berdebar-debar:

- 300 g kentang tepung
- 200 g ubi keledek
- 150 ml krim putar
- 100 g mentega
- 3 tangkai marjoram segar
- 3 tangkai ketumbar segar
- Garam, lada, pala

Untuk pengurangan:

- 400 ml wain merah
- 100 ml stok daging lembu
- 5 tangkai rosemary segar
- 5 tangkai thyme segar
- 1 mentol bawang putih
- Lada garam
- 50 g mentega
- 1 sudu teh pes tomato
- 2 sudu besar kanji (larutkan dalam dua kali ganda jumlah air)
- 30 g gula
- 2 sudu besar minyak zaitun

Persediaan

Jumlah masa lebih kurang. 90 minit

Panaskan mandi air hingga 54 °C.

Keringkan fillet dengan kertas dapur dan masukkan ke dalam beg foil dengan rosemary, thyme, hirisan bawang putih dan mentega. Urut bahan dari luar ke dalam beg supaya semuanya sebati.

Vakum daging, masukkan ke dalam tab mandi air dan masak selama 90 minit.

Potong keseluruhan mentol bawang putih memanjang dan letakkan bahagian bawah dalam periuk.

Panggang sedikit bawang putih, mula-mula masukkan minyak zaitun, kemudian mentega, herba segar dan pes tomato dan tumis semuanya dengan kuat selama 1 minit.

Deglaze dengan wain, tuangkan stok dan reneh pada api sederhana selama kira-kira 40 minit sehingga pengurangan mempunyai konsistensi berkrim, kacau sekali-sekala.

Kupas dan empatkan kentang untuk tumbuk. Letakkan dalam periuk air sejuk dan masak dengan api sederhana sehingga lembut (kira-kira 25 minit).

Lulus sos melalui penapis. Tetapkan Hotplate ke tahap tertinggi, masukkan gula dan kanji ke dalam sos dan biarkan semuanya mendidih sekali. Kecilkan kepada api sederhana dan reneh selama 20 minit sehingga konsisten berkrim dicapai.

Masukkan krim, mentega dan herba cincang ke dalam kentang dan tumbuk semuanya sebentar. Perasakan dengan garam, lada sulah dan buah pala.

Keluarkan beg vakum dengan daging dari tab mandi air dan tahan sebentar di bawah air sejuk. Panaskan kuali ke tahap paling tinggi. Keringkan daging, garam dan panggang sebentar dari kedua-dua belah sehingga kerak rangup terbentuk.

- **Sos Hollandaise**

Bahan-bahan untuk 2 hidangan

- 150 g mentega
- 2 biji kuning telur
- 60 ml air
- 10 ml cuka wain putih
- 3 g garam

Persediaan

Jumlah masa lebih kurang. 30 minit

Isi tab periuk sous vide dengan air dan panaskan hingga 75 ° C.

Cairkan mentega dan isi dengan kuning telur, air, jus lemon, cuka wain putih dan garam dalam beg vakum.

Letakkan beg pada pengedap vakum dan hidupkannya. Perhatikan jisim telur dengan teliti: hanya sedikit udara yang perlu disedut keluar dari beg. Jika terlalu banyak cecair disedut, ia tumpah ke dalam pengedap vakum. Kemudian tutup beg itu.

Letakkan beg di dalam periuk sous vide dan biarkan ia berehat selama 30 minit di dalam tab mandi air.

Potong beg dan isi jisim ke dalam sifon. Hidupkan skru sifon, masukkan kartrij N2O dan goncang dengan kuat. Sembur sos hollandaise dari sifon ke atas pinggan.

- **Daging babi yang ditarik - sous vide dimasak**

Bahan-bahan untuk 4 hidangan

Untuk campuran rempah:

- 1 sudu besar serbuk paprika
- 1 sudu besar gula perang
- 1 sudu teh garam
- 3 biji sawi
- 1 secubit lada hitam
- 2 secubit serbuk bawang putih
- 1 secubit oregano
- 1/2 sudu kecil biji ketumbar
- 1 secubit cili flakes

Untuk daging babi yang ditarik

- 700 g bahu babi

Campuran rempah:

- 500 g kentang goreng Perancis
- sos BBQ
- 3 biji bawang besar

Persediaan

Jumlah masa lebih kurang. 15 jam

Untuk adunan rempah, campurkan semua bahan hingga sebati.

Isi periuk sous vide dengan air dan panaskan hingga 74 ° C. Gosok daging dengan separuh daripada campuran rempah dari semua sisi. Letakkan dalam beg vakum dan hamparkan.

Masukkan daging ke dalam tab mandi air dan biarkan ia masak selama kira-kira 16 jam.

Panaskan ketuhar hingga 150 ° C. Keluarkan daging dari beg vakum dan keringkan dengan teliti dengan kertas dapur. Gosok dengan baki campuran rempah. Masak dalam ketuhar selama kira-kira 3 jam. Sebaik sahaja termometer panggang menunjukkan 92 ° C, keluarkan panggang dan biarkan ia berehat selama 20 minit lagi.

Goreng kentang goreng mengikut arahan pakej, degrease di atas kertas dapur dan perasakan dengan garam dan serbuk paprika.

Letakkan daging di atas papan. Potong seukuran gigitan dengan 2 garpu besar. Masukkan sos BBQ dan gaul sehingga semuanya dibasahkan dengan sos. Perasakan dengan garam. Potong bawang besar menjadi cincin.

Hidangkan daging babi yang ditarik dengan kentang goreng, daun bawang dan sos BBQ.

- **Salmon dengan lobak merah dan mash kacang**

Bahan-bahan untuk 4 hidangan

Untuk salmon:

- 350 g fillet salmon (dengan kulit)
- 1 keping halia (lebih kurang 5 cm setiap satu)
- 2 sudu besar minyak zaitun
- Untuk lobak merah
- 6 lobak merah bersaiz sederhana
- 3 secubit garam
- 2 sudu teh gula tepung
- 3 sudu besar minyak zaitun

Untuk kacang

- 250 g kacang pea (penyejuk beku)
- 100 ml stok ikan (atau stok sayuran)
- 2 pukulan wain putih
- 1 ulas bawang putih
- 1/2 biji bawang merah
- 1 sudu minyak zaitun
- 2 taburan air limau nipis
- 1 biji limau nipis (perahan kulit)
- 1 genggam ketumbar segar
- 1 genggam pudina segar
- Lada garam

Persediaan

Jumlah masa lebih kurang. 175 minit

Panaskan mandi air hingga 83 °C.

Kupas lobak merah dan potong separuh memanjang. Masukkan ke dalam beg foil dengan sedikit minyak zaitun, garam dan gula tepung dan vakum.

Letakkan dalam tab mandi air terbaja dan masak selama 2 jam.

Potong halia menjadi kepingan nipis untuk ikan (tidak perlu dikupas), tepuk salmon kering, sapu dengan minyak zaitun dan garam. Vakum semuanya bersama-sama dalam beg foil dan masukkan ke dalam peti sejuk.

Potong bawang dan bawang putih halus untuk tumbuk kacang, parut kulit dari kapur dan cincang kasar herba.

Panaskan sedikit minyak zaitun dalam periuk. Rebus bawang merah dan bawang putih sehingga lut sinar dengan api sederhana selama kira-kira 4 minit. Deglaze dengan stok dan wain putih dan reneh selama 10 minit dengan api perlahan.

Pada penghujung masa memasak, keluarkan lobak merah dari air, letakkannya di tepi dan laraskan mandi air kepada 55 ° C dengan menambah air sejuk

Keluarkan salmon dari peti sejuk dan masukkan ke dalam tab mandi air selama 45 minit.

Keluarkan periuk dengan stok dari dapur, tambah kacang beku dan tutup penutup (kacang hanya perlu cair. Jika anda memasak dalam periuk terlalu lama, ia cepat hilang warna dan bertukar menjadi kelabu keperangan).

Tetapkan hob pada tetapan tertinggi dan letakkan kuali besi tuang di atasnya.

Kuali mula berasap, keluarkan salmon dari beg, keluarkan halia dan goreng ikan sehingga garing dalam kuali panas di tepi kulit. Keluarkan lobak merah dari beg dan tumis dengan baik di sebelah ikan. Untuk corak gril ciri, putar salmon 90 darjah selepas 45 saat.

Masukkan herba, jus limau nipis dan semangat, mentega, garam dan lada ke dalam kacang dan hancurkan secara kasar dengan pengisar tangan.

Letakkan mash kacang di tengah pinggan, atas dengan salmon dan susun lobak merah di sebelahnya.

- **Asparagus hijau**

Bahan-bahan untuk 4 hidangan

- 450 g asparagus
- 2 secubit serbuk paprika
- 1/2 sudu besar serpihan bawang putih
- 1 sudu teh garam laut kasar
- 2 sudu besar mentega
- 1 biji limau nipis

Persediaan

Jumlah masa lebih kurang. 60 minit

Isi periuk sous vide dengan air dan bawa ke suhu 57 ° C.

Potong kapur menjadi kepingan. Potong kira-kira 1-2 cm hujung asparagus dan kupas bahagian ketiga bahagian bawah. Masukkan asparagus dengan baki bahan ke dalam beg vakum dan hamparkan.

Masukkan asparagus ke dalam tab mandi air dan masak selama 1 jam. Potong beg terbuka dan sajikan sebagai iringan, contohnya, fillet daging lembu atau dada ayam.

- **Telur rebus dengan penkek**

Bahan-bahan untuk 4 hidangan

Untuk penkek sayur:

- 130 g tepung
- 1/2 sudu teh baking soda
- 2 secubit lada hitam
- 1 secubit lada cayenne
- 60 g kembang kol
- 60 g brokoli
- 1/2 tandan pasli
- 2 biji bawang besar
- 100 g cheddar
- 1 biji telur
- 230 ml susu
- 2 sudu besar minyak zaitun
- garam

Untuk telur rebus

- 4 biji telur

Persediaan

Jumlah masa lebih kurang. 45 minit

Isi periuk sous vide dengan air dan panaskan hingga 75 ° C. Masukkan telur dan masak selama 16 minit.

Campurkan tepung dengan baking soda, garam, lada hitam dan lada cayenne.

Potong bawang besar menjadi cincin. Cincang halus kembang kol, brokoli dan pasli. Campurkan dengan daun bawang, telur, susu dan keju cheddar. Masukkan adunan tepung secara beransur-ansur.

Panaskan minyak zaitun dalam kuali. Masukkan 1-2 sudu doh ke dalam kuali dan ratakan. Bakar pancake dengan api sederhana sehingga perang keemasan dari bawah. Balik dan toskan di atas kertas dapur. Lakukan perkara yang sama dengan baki doh.

Sebarkan penkek sayur di atas pinggan. Keluarkan telur dari periuk sous vide dan pukul dengan berhati-hati. Luncurkan telur rebus ke atas penkek dan hidangkan.

- **Asparagus sous vide**

Bahan-bahan untuk 4 hidangan

- 500 g Asparagus, putih
- 0.5 sudu kecil. gula
- 0.5 sudu kecil garam
- 1 pc. Lemon kulitnya
- 30 g mentega

Persediaan

Jumlah masa lebih kurang. 35 minit

Kupas asparagus putih dan keluarkan hujung berkayu dan masukkan ke dalam beg vakum.

Parut kulit lemon organik yang tidak dirawat dengan parut dan masukkan ke dalam beg bersama mentega, gula dan garam.

Sekarang keluarkan udara dari beg menggunakan peranti vakum dan tutup beg itu.

Beg yang dimeterai kini diletakkan di dalam periuk stim atau dalam peranti sous vide selama lebih kurang. 30 minit pada 85 darjah.

Keluarkan asparagus siap dari beg dan hidangkan bersama kentang rebus dan sos hollandaise.

- **Sous-vide tulang rusuk ganti**

Bahan-bahan untuk 2 hidangan

- 2 kg Sparerib

Bahan-bahan untuk perapan

- 1 sudu kecil. Paprika
- 1 sudu kecil. Jintan, tanah
- 1 sudu kecil. Serbuk cili atau garam cili
- 1 sudu kecil. Oregano
- 1 lada hitam, dikisar
- 1 garam
- 1 sudu kecil. serbuk bawang putih
- 1 pukulan jus lemon
- 5 sudu besar. Sos Barbeku

Persediaan

Jumlah masa lebih kurang. 315 minit

Untuk rusuk ganti sous vide, mula-mula buat perapan yang enak. Campurkan serbuk paprika, jintan manis, serbuk cili, oregano, lada sulah, garam, serbuk bawang putih dan jus lemon dengan sos barbeku dalam mangkuk.

Gosok tulang rusuk ganti dengan baik dengan perapan ini dan letakkan tulang rusuk baring, sebelah menyebelah dalam beg vakum dan vakum.

Sekarang masak tulang rusuk ganti selama 5 jam pada suhu 80 darjah dalam peranti sous-vide atau dalam periuk wap.

Kemudian bilas tulang rusuk ganti dengan segera dengan air sejuk, keluarkan daging dari beg dan letakkan di atas panggangan panas - selama kira-kira 8-12 minit. Jika anda mahu, anda boleh menyalut tulang rusuk ganti dengan sedikit sos barbeku selepas memanggang - tetapi ini tidak perlu.

- **Sous vide batang lobak merah**

Bahan-bahan untuk 4 hidangan

- 400 g lobak merah
- 1 sudu besar. mentega
- 1 sudu kecil. Halia, parut
- 1 sudu kecil. Biji adas, utuh

Persediaan

Jumlah masa lebih kurang. 65 minit

Basuh lobak merah, bersihkan, kupas dengan pengupas kentang dan potong menjadi batang memanjang.

Sekarang letakkan batang lobak merah sebelah menyebelah dalam beg vakum. Masukkan halia parut dan biji adas ke dalam beg bersama lobak merah dan hamparkannya.

Sekarang masukkan beg ke dalam peranti sous vide atau dalam periuk stim dan masak selama 60 minit pada 80 darjah.

Kemudian padamkan beg dalam air ais (atau air sejuk), keluarkan lobak merah dari beg dan pusingkannya sebentar dalam sedikit mentega dalam kuali.

- **Fillet daging babi dari sous vide**

Bahan-bahan untuk 4 hidangan

- 600 g Pinggang babi / Babi
- 1 pukulan minyak untuk kuali
- 1 garam
- 1 lada

100 min. Jumlah masa

Persediaan

Jumlah masa lebih kurang. 100 minit

Untuk fillet daging babi menggunakan proses sous-vide, basuh daging terlebih dahulu dan keringkan dengan tuala dapur.

Sekarang gunakan pisau tajam untuk mengeluarkan sebarang sisa lemak dan kulit perak dari daging dan potong ke dalam kepingan apa-apa saiz (lebih kurang 3-4 cm) tebal - sudah tentu anda juga boleh memasak keseluruhan bahagian.

Sekarang kepingan daging masuk ke dalam beg vakum dan udara disedut keluar dan dikimpal dengan bantuan alat vakum.

Beg yang dikimpal kemudian diletakkan di dalam pengukus atau dalam peranti sous-vide selama lebih kurang. 60 minit pada 63 darjah (= sederhana) atau 67 darjah.

Selepas masak lembut, keluarkan beg itu semula, potong dengan pisau atau gunting, keringkan sedikit daging dengan kertas dapur dan perasakan dengan garam dan lada sulah.

Akhir sekali, sedikit minyak dipanaskan dalam kuali dan dagingnya pedas di semua bahagian dan hanya digoreng sebentar - yang penting, minyak mestilah sangat panas.

- **Kentang tumbuk sous vide**

Bahan-bahan untuk 4 hidangan

- 1 kg Kentang, dimasak dengan tepung
- 250 ml susu
- 30 g mentega
- garam
- Buah pala

Persediaan

Jumlah masa lebih kurang. 100 minit

Untuk kentang tumbuk, basuh dan kupas kentang terlebih dahulu. Kemudian vakum dan segel kentang dalam beg vakum.

Beg kentang diletakkan di dalam periuk stim atau peranti sous vide selama 90 minit pada suhu 85 darjah.

Kemudian keluarkan kentang dari beg dan tumbuk dalam periuk dan panaskan pada suhu rendah.

Panaskan susu bersama mentega dalam mangkuk lain dan kacau ke dalam adunan kentang dengan pemukul. Perasakan kentang tumbuk dengan garam dan secubit buah pala.

Vide sous labu Hokkaido

Bahan-bahan untuk 2 hidangan

- 1 stk labu Hokkaido (400 gram daripadanya)
- garam
- Lada
- 1 sudu kecil. mentega
- 1 sudu kecil. Mentega untuk kuali
- Halia, parut
- 1 pukulan jus epal

Persediaan

Jumlah masa lebih kurang. 25 minit

Basuh labu Hokkaido dengan baik, potong dua dan gunakan sudu untuk mengeluarkan pulpa dengan biji - jangan buang, biji boleh dikeringkan dan digunakan untuk menghias pelbagai hidangan.

Sekarang potong labu (termasuk kulit) menjadi kiub saiz gigitan dan masukkan bersama halia, mentega, garam, lada sulah dan sedikit jus epal ke dalam beg vakum dan hamparkannya - pastikan tiada cecair masuk ke kimpalan jahitan beg.

Sekarang masak kepingan labu dalam beg pada suhu 80 darjah selama 20 minit dalam sous vide atau periuk wap.

Selepas proses memasak, keluarkan beg, buka dan goreng sebentar kepingan labu dalam kuali dengan sedikit mentega.

- **Medali babi dari sous vide**

Bahan-bahan untuk 4 hidangan

- 800 g fillet daging babi
- garam
- Lada
- Minyak untuk kuali

Persediaan

Jumlah masa lebih kurang. 75 minit

Untuk medali daging babi dari sous vide, basuh dahulu daging, keringkan dan potong menjadi kepingan lebih kurang. 3-4 cm.

Sekarang perasakan kepingan daging dengan garam dan lada, masukkannya ke dalam beg vakum dan keluarkan udara dengan bantuan peranti vakum dan tutup beg itu.

Beg pada suhu 63 darjah selama kira-kira 60 minit dalam periuk stim atau dalam peranti sous-vide.

Kemudian potong beg terbuka, keluarkan daging dan bakar dalam kuali dengan minyak di semua sisi - minyak harus sangat panas dan daging harus dibakar sebentar sahaja.

- **Salmon sous vide**

Bahan-bahan untuk 4 hidangan

- 4 stk Salmon fillet, tanpa kulit
- garam laut
- Lada hitam, hitam
- 1 pukulan jus lemon
- 2 stk batang Dill, dicincang
- 2 tangkai thyme, dicincang
- 2 sudu besar. minyak zaitun

Persediaan

Jumlah masa lebih kurang. 40 minit

Mula-mula basuh fillet salmon (lebih kurang 180 gram setiap satu - tebal 3 cm), keringkan dengan kertas dapur dan keluarkan sebarang tulang.

Sekarang buat perapan dari minyak zaitun, tangkai dill yang dipotong, garam, lada, jus lemon dan tangkai thyme yang dipotong dan gosokkan fillet ikan dengannya.

Kemudian masukkan fillet (termasuk perapan) ke dalam beg vakum - jangan letakkannya bersebelahan - vakum dan masak beg selama 30 minit pada suhu 52 darjah dalam peranti sous vide atau dalam periuk stim.

Selepas proses memasak, keluarkan fillet ikan dari beg dan hidangkan - ulam adalah gratin kentang atau kentang rebus.

- **Dada itik dalam sos oren**

Bahan-bahan untuk 4 hidangan

- 4 stk payudara itik
- 1 hadiah garam
- 1 sudu besar. Mentega untuk kuali
- Bahan-bahan untuk sos oren
- 1 oren
- 1 ulas bawang putih
- 1 sudu besar. Mentega untuk kuali
- 1 hadiah garam

Persediaan

Jumlah masa lebih kurang. 40 minit

Basuh kepingan dada itik dan tepuk sehingga kering. Kemudian bebaskan daging daripada urat, kulit dan lemak yang tidak diingini (kepingan ini boleh digunakan untuk sup) dan potong bersilang di bahagian kulit.

Sekarang letakkan kepingan daging sebelah menyebelah dalam beg vakum dan kedapkan beg itu.

Masak beg pada 66 darjah (= sederhana) atau 72 darjah (= melalui) selama 35 minit.

Kemudian keluarkan daging dari beg (tangkap jus masak) dan goreng dalam kuali panas dengan mentega di kedua-dua belah - sedikit lebih lama di bahagian kulit.

Buka oren untuk sos oren dan keluarkan pulpa dari kulit. Potong kepingan oren kepada kepingan kecil - tangkap jus dan peluh bersama kepingan oren dan ulas bawang putih dalam kuali dengan sedikit mentega.

Sekarang campurkan jus masakan dari beg vakum dan biarkan mendidih sebentar - perasakan dengan secubit garam.

- **Apple millefeuille dengan sos beri**

Bahan-bahan untuk 4 hidangan

- 300 g pastri puff
- 300 g beri
- 60 g gula tebu
- 1 tandan kecil pudina
- 50 mililiter rum
- 500 g epal Golden Delicious
- 70 g gula pasir
- 50 g kacang pain
- 50 g sultana
- 1 buah vanila
- 50 g gula tepung

Persediaan

Jumlah masa lebih kurang. 3 jam 5 minit

Isi tab mandi air dan panaskan hingga 65 ° C.

Campurkan ¾ buah beri dengan gula tebu, tambah separuh pudina dan rum dan masukkan semuanya dalam beg vakum, tutup dengan baik dan masak selama 15 minit pada 65 ° C. Biarkan sejuk, gaul rata dan tapis.

Sekarang isi semula tab mandi air dan panaskan hingga 60 ° C.

Kupas epal dan keluarkan inti, potong menjadi beberapa bahagian dan masukkan ke dalam beg vakum bersama gula kristal, kacang pain, kismis dan vanila. Tutup beg dengan ketat dan rendamkannya sepenuhnya dalam mandian air sous vide dan kemudian masak selama 12 minit pada suhu 60 ° C. Biarkan sejuk dengan baik.

Canai puff pastry dan potong 10 cm kepingan. Kemudian letakkan di atas loyang dan bakar pada suhu 180 ° C selama 6 minit di dalam ketuhar.

Selepas dibakar, potong hirisan puff pastry kepada separuh, isi dengan epal dan letakkan di atas hidangan. Taburkan terakhir dengan sedikit sos beri dan pudina yang tinggal.

- **Apple millefeuille dengan mousse**

Bahan-bahan untuk 4 hidangan

Sous vide epal:

- 400 g epal Golden Delicious
- 80 g gula pasir
- 1 buah vanila
- Sous vide mousse:
- 3 desiliter susu
- 3 desiliter krim
- 1 batang kayu manis
- 6 biji kuning telur
- 90 gram gula pasir

Puff pastry:

- 400 g pastri puff
- Hiasan:
- Kacang pain
- kismis

Persediaan

Jumlah masa lebih kurang. 27 minit

Sous vide epal:

Kupas epal dan keluarkan inti, kemudian potong menjadi beberapa bahagian dan masukkan ke dalam beg vakum sous vide bersama gula pasir dan vanila. Apabila beg ditutup dengan betul, rendamkannya sepenuhnya dalam tab mandi air dan masak selama 12 minit pada 60 ° C sous vide sehingga siap.

Kemudian biarkan ia sejuk dengan baik.

Sous vide mousse:

Pukul kuning telur dengan gula dengan baik dan masukkan krim dan susu. Masukkan campuran ini bersama-sama dengan kayu manis dalam beg vakum. Tutup beg dengan baik dan rendamkannya dalam mandian air sous vide.

Kemudian biarkan ia masak selama 15 minit pada suhu 92 ° C sous vide.

Kemudian biarkan adunan sejuk. Lulus melalui penapis dan tuangkan krim ke dalam sifon dengan kartrij gas. Simpan dalam peti ais.

Puff pastry:

Canai puff pastry dan potong 10 cm kepingan. Kemudian letakkan di atas loyang dan bakar pada suhu 190 ° C selama 20 minit di dalam ketuhar.

Hiasan:

Letakkan pastri puff pada hidangan hidangan; masukkan epal dan selesaikan dengan krim kayu manis, kacang pain dan kismis.

- **Sous vide salmon dengan dill**

Bahan-bahan untuk 4 hidangan

Sous vide salmon:

- 400 gram fillet salmon tanpa tulang dan kulit
- 40 mililiter minyak rapeseed atau minyak bunga matahari
- Kulit 1 lemon
- garam

timun:

- 2 biji timun
- 1 tandan kecil dill
- Perahan dan jus 1 limau nipis
- 2 sudu besar minyak rapeseed
- garam
- gula

Persediaan

Jumlah masa lebih kurang. 18 minit

Sous vide salmon:

Potong salmon kepada empat bahagian yang sama dan hamparkan bersama bahan-bahan lain dalam beg vakum.

Masak kepingan salmon selama 18 minit pada suhu 56 ° C dalam mandi air sous vide, tambah garam secukup rasa dan letakkan setiap kepingan di atas pinggan dengan salad timun.

timun:

Kupas timun, potong dua dan potong menjadi kepingan berbentuk sabit. Masukkan ini bersama garam, gula dan kulit limau ke dalam beg vakum dan vakum. Perap dalam peti ais selama 2 jam.

Cincang halus dill dan buat vinaigrette jus limau dan minyak.

Perap timun dengan vinaigrette dan perasakan dengan dill.

- **Roulade daging lembu dengan sos bawang**

Bahan-bahan untuk 1 bahagian

- 4 keping daging lembu, contohnya penutup bahagian atas sangat sesuai untuk roulade.
- 4 sudu besar mustard bersaiz sederhana
- 2 jeruk besar
- 1 sudu besar daging
- 1 bawang bersaiz sederhana, dicincang halus
- 1 sudu teh daun marjoram segar
- Sedikit cuka balsamic
- garam
- 300 mililiter kuah

Persediaan

Jumlah masa lebih kurang. 2 jam

Ratakan hirisan roulade, sapu dengan sawi dan taburkan sedikit garam.

Masukkan kiub bacon dalam kuali dan goreng bersama bawang.

Kacau dalam daun marjoram dan sedikit berasid keseluruhannya dengan sedikit cuka.

Biarkan campuran ini sejuk dan letakkan di bahagian bawah roulade.

Hiris jeruk dan letakkan pada bawang. Lipat bahagian tepi sedikit dan gulung dengan kuat.

Vakum bahagian bersama kuah dan masak selama 2 jam pada suhu 65 ° C dalam mandi air sous vide.

Keluarkan roulade dari beg dan hidangkan bersama sos. Ikat sos jika perlu.

- **Sous vide diselitkan mojito**

Bahan-bahan untuk 2 hidangan

- 750 ml rum
- 4 batang serai bersaiz sederhana - lebam ringan (guna tukul dapur)
- 4 helai daun limau purut
- Kupas 1 kapur
- Jus 1 biji limau purut
- 3 tangkai daun pudina segar bersaiz sederhana
- Air berkilauan

Persediaan

Jumlah masa lebih kurang. 4 jam

Pra-panaskan mandian air sous vide anda kepada 57 ° C.

Letakkan semua bahan dalam beg vakum dan tutup sepenuhnya dengan mengeluarkan udara sebanyak mungkin. Rendam dalam mandian air sous vide dan masak selama 4 jam.

Keluarkan dari air dan sejukkan sepenuhnya. Paling best jika disejukkan.

- **Sous vide tenderloin**

Bahan-bahan untuk 4 hidangan

- 500 gram tenderloin dari New Zealand
- 3 sudu besar minyak kacang tanah
- 1 sudu teh minyak zaitun, dara tambahan
- 750 mililiter wain merah
- 3 botol port
- 750 mililiter stok daging
- 200 gram hati angsa
- 200 gram hati ayam
- Garam dan lada sulah
- 100 gram kacang polong, segar atau beku
- 50 mililiter stok daging lembu
- 1 lobak merah
- 50 gram truffle hitam
- 50 mililiter champagne
- 150 gram bawang mutiara
- 5 buah juniper

Kaedah penyediaan

Jumlah masa lebih kurang. 60 minit

Tuang 750ml wain merah, port dan stok daging ke dalam kuali di mana anda boleh membuat sos dan biarkan ia mendidih sehingga ia mempunyai tekstur sirap.

Sediakan krim hati dengan menumis foie gras dan hati ayam secara berasingan. Jangan simpan lemak. Perasakan dengan garam dan lada sulah dan potong kiub.

Rebus stok dari 750 ml kepada kira-kira 100 ml dan kemudian masukkan hati yang dipotong dadu. Haluskan adunan dan tapis melalui ayak halus untuk menghasilkan krim yang halus dan lembut.

Sediakan puri kacang dengan memutihkan sebentar kacang segar dalam air garam mendidih; jika anda menggunakan kacang pea beku, biarkan ia cair dahulu. Haluskan kacang polong dengan stok daging lembu dan perasakan dengan garam dan lada sulah.

Potong lobak merah menjadi jalur nipis dengan pengupas. Blanch sekejap dalam air garam mendidih dan rebus dalam air ais. Buat gulungan kecil dan letakkan di atas pinggan. Letakkan di dalam ketuhar pada suhu rendah untuk memastikan mereka hangat.

Masak truffle selama kira-kira sejam dalam kuali tertutup dalam 50ml champagne dan port 50ml. Kemudian keluarkan mereka dari bru dan potong dadu kecil.

Kupas bawang mutiara dan goreng dalam kuali dengan sedikit minyak kacang. Deglaze dengan port 500ml, tambah tiga buah juniper dan biarkan ia mendidih selama kira-kira 5 minit. Biarkan ia masak selama 20 minit lagi dengan penutup di atas kuali.

Garam tenderloin sedikit dan sapu dengan minyak zaitun. Vakum daging bersama dua buah juniper dalam beg vakum. Letakkan daging dalam mandi air sous vide pada suhu 60 ° C selama 1 jam.

Kemudian keluarkan daging dari beg, keringkan dan goreng sebentar dalam kuali dengan sedikit minyak kacang di kedua-dua belah pada suhu tinggi. Campurkan jus daging dengan bawang mutiara yang telah diperap.

Potong fillet daging lembu secara menyerong dan bahagikan kepada empat pinggan. Tambah satu sudu puri kacang dan krim hati. Susun gulung lobak merah dan bawang mutiara di atas pinggan. Tuangkan sos ke seluruh hidangan dan nikmati!

- **Sous vide brokoli romanesco**

Bahan-bahan untuk 4 hidangan

- 700 gram brokoli Romanesco (kira-kira 450 gram tinggal apabila dibersihkan)
- 20 gram mentega masin kiub
- 1 secubit buah pala

Kaedah penyediaan

Jumlah masa lebih kurang. 60 minit

Potong brokoli Romanesco menjadi bunga kecil, bersihkan, basuh dengan bersih dan keringkan dengan baik. Blanch sekejap dalam air masin dan kemudian rebus dalam air ais.

Letakkan sayur-sayuran bersebelahan antara satu sama lain dalam beg kalis mendidih, taburkan buah pala di atasnya, tambah mentega masin dan edarkan semuanya dengan baik ke atas brokoli Romanesco.

Vakum dan masak sayur-sayuran selama 60 minit pada suhu 80 ° C dalam mandian air sous vide.

Kemudian menakutkannya dalam air batu. Untuk menghidangkan, panaskan semula brokoli di dalam beg dan kemudian goreng bunga kecil dalam kuali.

- **Burger celeriac vegetarian**

Bahan-bahan untuk 1 bahagian

- 4 keping Sous Vide celeriac
- 1 biji bawang merah
- 1 tomato daging
- 4 keping keju cheddar
- 4 (hamburger) sandwic
- 2 jeruk
- Tomato Salsa
- 100 gram selada aisberg
- Kari mayonis (dari 100 ml mayonis, 1 sudu kecil serbuk kari dan 1 sudu kecil sirap halia)

Persediaan

Jumlah masa lebih kurang. 15 minit

Bakar hirisan celeriac selama 4 minit setiap sisi dalam kuali pemanggang

Panaskan ketuhar hingga 180°C

Potong bawang merah menjadi cincin dan potong tomato.

Letakkan kepingan celeriac pada lembaran penaik dan letakkan sepotong tomato pada setiap kepingan

Letakkan beberapa cincin bawang merah di atas dan sepotong keju cheddar. Letakkan dalam ketuhar yang telah dipanaskan selama 3 minit.

Potong gulung separuh dan panggang sebentar di dalam kuali pemanggang atau di atas pinggan pemanggang. Tutup bahagian dengan salsa tomato

Keluarkan burger celeriac dari ketuhar dan letakkannya pada bahagian bawah roti. Potong acar menjadi kepingan panjang dan letakkan hirisan di atas setiap burger.

Campurkan mayonis kari dengan salad aisberg yang dicincang halus dan cedok ini di atas burger. Tutup dengan baki bahagian roti.

- **Nanas yang diselitkan**

Bahan-bahan untuk 1 bahagian

- ½ biji nanas
- Tombol mentega
- 1 batang kayu manis
- ¼ biji vanila
- 4 biji buah pelaga
- bunga lawang 2
- Sedikit rum coklat

Persediaan

Bersihkan nanas dengan memotong kulit dan memotong inti yang keras.

Potong kepingan tebal dan masukkan ke dalam beg vakum.

Letakkan rempah dan tombol mentega di atas dan tambahkan sedikit rum coklat.

Vakum nanas.

Letakkan kayu sous-vide pada kuali air dan tetapkan pada 82.5 ° C dan masukkan nanas apabila air mencapai suhu.

Biarkan nanas masak selama 5 minit.

Keluarkan dari beg dan hidangkan serta-merta mengikut budi bicara anda sendiri yang mana 'mentega rum' boleh disudukan ke atas nanas atau segera menyejukkan kembali nanas ke dalam air ais dan simpan seketika.

- **Pipi anak lembu dengan kubis**

Bahan-bahan untuk 4 hidangan

- 4 pipi anak lembu
- Gosok Oriental
- Timi segar (lemon).
- Rosemary & sage
- 8 ulas bawang putih (tumbuk)
- Mentega atau lemak angsa yang diperjelas
- Lada putih (baru dikisar)
- Tepung, 8 biji kentang baru (digosok dan dibelah dua)
- 1 kubis hijau kecil
- ½ beg buah berangan yang telah dimasak
- 1 sudu kecil biji jintan (ditumbuk)
- 1 botol bir gandum
- 125 ml sup sayur atau ayam
- Kolak kranberi (balang)

Persediaan

Sapu empat pipi anak lembu dengan minyak zaitun, salutkannya dengan sapuan oriental dan taburkan sedikit lada dan garam yang baru dikisar.

Masukkan setiap pipi anak lembu ke dalam beg vakumnya sendiri dengan thyme segar, sage, rosemary, bawang putih yang dihancurkan dan sedikit minyak zaitun lembut. Vakum daging.

Panaskan periuk sous-vide kepada 80 ° C. Apabila peranti telah mencapai suhu yang betul, letakkan beg vakum di dalam pemegang. Nota: beg mesti digantung di bawah air.

Keluarkan beg dari periuk selepas 6 hingga 8 jam (bergantung kepada ketebalan daging selepas menyedut) dan segera sejukkannya semula dalam air ais.

Keluarkan daging dari beg dan keluarkan herba dan bawang putih. Potong pipi anak lembu kepada 3 bahagian setiap satu. Taburkan daging dengan lada putih dan garam yang baru dikisar. Lipat ringan daging pada kedua-dua belah melalui tepung.

Goreng daging di atas api besar dalam sedikit mentega atau lemak angsa dan panggang sehingga garing dalam kira-kira 4 minit. Biarkan daging berehat di tempat yang hangat.

Rebus kentang baru selama kira-kira 10 minit dalam air dengan sedikit garam.

Sementara itu, potong kobis separuh dan koyakkan daunnya. Bakar buah berangan selama 5 minit dengan api sederhana dalam sedikit mentega. Masukkan biji jintan dan kobis. Senduk beberapa kali. Deglaze buah berangan dengan bir putih dan tambah stok. Didihkan keseluruhannya dan kemudian kecilkan api sepenuhnya. Masak kubis dengan penutup pada kuali dalam kira-kira 7 minit.

Perangkan kentang dalam sedikit mentega selama kira-kira 5 minit.

Ukir daging. Bahagikan kubis di atas 4 pinggan dalam yang telah dipanaskan sebelumnya, letakkan hirisan pipi anak lembu di atasnya dan sapukan buah berangan dan kentang baru di atasnya. Sudukan sedikit kolak kranberi di atas hidangan di sana sini.

- **Tournedos rossini**

Bahan-bahan untuk 2 hidangan

Hati itik:

- 200 g hati itik
- 1/2 gelas koktel vieux
- gula tepung

Tenderloin dan kuah:

- 4 keping tenderloin
- (120/140 g) minyak dan mentega
- 1 dl Madeira
- 75 g tapenade truffle
- 3 dl stok anak lembu

Roti Brioche:

- 4 keping tebal roti brioche (2 cm)
- 1 ulas bawang putih
- Minyak
- Kentang dan asparagus:
- 500 g kentang muda, di dalam kulit
- 12 asparagus hijau

Persediaan

Penyediaan hati itik:

Biarkan hati itik panas dan buang urat dan saluran darah.

Masukkan hati itik ke dalam bekas besar. Masukkan vieux dan gaul rata. Perasakan dengan lada sulah, garam dan secubit gula halus (pastikan ia tidak terlalu manis).

Tuangkan ini ke dalam loyang yang sesuai dan biarkan di dalam peti sejuk selama kira-kira 2 jam.

Penyediaan tenderloin dan kuah:

Goreng tenderloin sekejap dalam minyak panas. Kemudian biarkan sejuk sedikit dari kuali.

Vakum daging.

Biarkan daging masak sous vide selama 4 jam pada suhu 56 °C.

Sapukan kuahnya dengan Madeira, tapenade truffle dan stok daging lembu.

Kurangkan kepada 1/3 dan perasakan secukup rasa.

Penyediaan roti brioche:

Potong roti brioche kepada kepingan besar.

Cincang bawang putih dan sayur-sayuran dengan sangat singkat dalam minyak.

Salutkan roti dengan minyak bawang putih dan buat ia garing di dalam ketuhar pada suhu 180°C.

Penyediaan kentang dan asparagus:

Basuh kentang dengan baik. Potong separuh, masak sehingga al dente dan biarkan sejuk.

Rebus asparagus dalam air mendidih dengan garam dan sejukkan semula dalam air ais.

- **Gratin berkacak**

bahan-bahan

- 800 gram salsifikasi
- 2 sudu besar. panko
- 2 sudu besar. kacang pain
- 4 tangkai lemon thyme
- 50 gram keju pecorino

Kaedah penyediaan

Panaskan ketuhar dengan tetapan gril pada 190 ° C.

Susun salsify rapat-rapat bersebelahan antara satu sama lain dalam loyang yang telah digris atau di atas dulang pembakar yang telah digris.

Keluarkan lemon thyme dari ranting dan taburkan dengan salsify.

Perasakan dengan lada yang baru dikisar dan sedikit garam dan taburkan dengan kacang pain dan panko.

Parut keju pecorino di atasnya dan gris dalam ketuhar yang telah dipanaskan sehingga panko rangup dengan baik dan keju berwarna dan cair.

- **Ayam dengan sos keju brokoli**

Bahan-bahan untuk 4 hidangan

- 4 isi ayam
- 1 Brokoli
- 3 biji bawang merah
- 10 biji cendawan
- 40 g mentega
- 5 g garam
- 2 ulas bawang putih
- 100 g wain putih
- 350 gram krim putar
- 100 gram Keju Gouda

Persediaan

Jumlah masa lebih kurang. 1 jam 30 minit

Panaskan mandian sous vide hingga 65 darjah. Masukkan isi ayam ke dalam beg vakum dengan sedikit minyak zaitun dan secubit garam. Setelah mandi air mencapai suhu, masukkan ayam dan tetapkan pemasa kepada 1 jam.

Potong bunga dari brokoli dan potong batang brokoli menjadi kepingan kecil. Potong bawang merah menjadi kepingan dan kisar dengan batang brokoli dalam pemproses makanan.

Bersihkan cendawan (jika perlu) dan potong empat bahagian.

Cairkan mentega dalam kuali. Masukkan garam, bawang putih yang dicincang halus dan campuran bawang brokoli dan goreng selama 5 minit. Masukkan wain dan biarkan ia berkurangan sehingga hampir tiada lembapan yang tinggal di dalam kuali. Kemudian masukkan krim putar dan keju dan kacau rata sehingga struktur seperti fondue tercipta.

Masukkan brokoli dan cendawan dan biarkan masak perlahan selama kira-kira 15 minit. Kacau selalu atau sos akan masak.

Selepas sejam, keluarkan ayam dari mandian sous vide dan keringkan dengan kertas dapur. Kemudian buat kuali panas dan goreng ayam di kedua-dua belah untuk lapisan coklat yang bagus. Hidangkan segera.

Satukan ayam dengan sos keju brokoli. Selamat menjamu selera!

- **Kentang tumbuk pada suhu 72 darjah**

Bahan-bahan untuk 6 hidangan

- 1 kilo kentang
- 250 gram mentega
- 150 gram susu

Persediaan

Jumlah masa lebih kurang. 90 minit

Kupas kentang. Apabila bip keluar dari jaket mereka, potong mereka kepada bahagian yang sama tebal kira-kira 1 sentimeter; dengan cara ini semua kentang dimasak pada masa yang sama. Simpan kulit.

Dan sebagai langkah terakhir dalam penyediaan, basuh kentang anda untuk masa yang lama! Dengan memotong kentang, anda memecahkan dinding sel dalam kentang, supaya kanji dilepaskan pada permukaan pemotongan. Jika anda memasak kentang anda dengan segera, semua kanji ini akan berakhir di dalam cecair memasak, yang tidak menjadikan tumbuk lebih baik. Bilas kentang dengan baik selama beberapa minit, supaya semua kanji dalam sinki anda telah hilang.

Jika anda meletakkan kentang yang telah dibasuh dalam air mendidih, dinding sel akan pecah dan anda akan kehilangan sebahagian daripada kanji. Dengan helah mudah anda boleh memastikan bahawa kanji mula-mula ditetapkan dalam kentang. Akibatnya, kentang kehilangan lebih sedikit kanji semasa penyediaan selanjutnya, tepat seperti yang kita mahukan!

Dan bagaimana anda melakukannya? Hanya masukkan kentang anda dalam air 72 darjah selama 30 minit, mudah dilakukan melalui sous vide. sungguh. Ia menjadikan kentang anda kentang yang berbeza... Ia tidak dimasak, tetapi terasa pejal. Semua kanji kini terkunci dengan baik dalam kentang.

Kentang mempunyai rasa paling banyak dalam kulit. Dan memalukan untuk tidak menggunakannya dalam tumbuk anda! Untuk menyelesaikannya, basuh kulit dengan teliti dan masak sehingga mendidih sambil kacau dengan susu. Keluarkan kuali dari api sebaik sahaja susu mendidih dan biarkan ia berehat sehingga digunakan. Ini menarik rasa kulit ke dalam susu, yang akhirnya anda tambahkan kepada puri anda.

Bilas kentang dengan baik sekali lagi selepas 30 minit dan masak selama 30 minit lagi. Ini sudah tentu boleh dilakukan tanpa sous vide dan hanya dengan mendidihkan air.

Potong mentega menjadi kepingan dan masukkan ke dalam mangkuk adunan. Toskan ubi kentang yang telah direbus dan perah halus dengan pemerah puri (atau secara alternatif gunakan tumbuk puri). Kacau adunan mentega-kentang dengan baik.

Sekarang gosokkan puri melalui penapis yang terbaik (tukang roti).

Tambah sedikit susu dan kacau dalam puri dengan baik. Teruskan menambah susu sehingga anda mencapai konsistensi yang diingini. Perasakan dengan lada segar dan garam laut. Peminat kini menambah beberapa buah pala, atau kulit limau / limau (untuk bertindak sebagai rakan sejawat segar kepada mentega).

- **Sous vide rump steak**

Bahan-bahan untuk 2 hidangan

- 2 stk Rump steak (daging lembu panggang) seberat 250g
- 1 garam hadiah
- 1 lada hadiah
- 1 pukulan minyak untuk kuali

Persediaan

Dengan resipi stik rump, adalah penting untuk mengetahui terlebih dahulu bagaimana anda mahukan daging. Ini dan ketebalan daging juga menyebabkan masa memasak dan suhu memasak berbeza - lihat di bawah untuk butiran.

Ketebalan ideal stik hendaklah antara 2-3 cm dan ia harus mempunyai marbling yang bagus. Mula-mula basuh daging, keringkan dan kemudian vakum setiap keping daging dalam kerajang memasak yang sesuai.

Sekarang letakkan dua keping daging sebelah menyebelah dalam peranti sous vide (atau ketuhar stim) dan masak mengikut tahap memasak yang diingini - berikut adalah beberapa bantuan: Jarang 47 darjah, sederhana 55 darjah, syabas 63 darjah untuk lebih kurang . 70 minit. Lebih tebal daging, lebih lama ia perlu dimasak - sedikit bantuan: 4 cm sekitar 120 minit, 5 cm 160 minit.

Selepas memasak, keluarkan daging, potong dari beg, tangkap jus - ini boleh menjadi asas untuk sos - sapukan daging sedikit, garam dan lada, dan dalam kuali yang sangat panas dengan sedikit minyak atau mentega di kedua-dua belah masak panas - lebih kurang. 60-90 saat pada setiap sisi.

- **Sous vide daging lembu panggang**

Bahan-bahan untuk 4 hidangan

- 1 kg daging lembu panggang
- 1 pukulan minyak zaitun
- 3 cabang rosemary
- 3 dahan thyme
- 20 g mentega

Persediaan

Jumlah masa lebih kurang. 5 jam 20 minit

Perkara yang paling penting dengan memasak sous vide daging atau ikan ialah anda mempunyai pengedap vakum dan paling baik periuk sous vide.

Mula-mula keluarkan stik daripada pembungkusnya dan basuh dengan air sejuk, kemudian sapukan dengan kertas krep.

Sila asingkan daun thyme dan rosemary daripada batangnya dan jangan vakum batang kerana ia terlalu keras.

Sekarang sapu daging lembu panggang dengan minyak zaitun dan masukkan ke dalam beg plastik yang sesuai untuk memasak sous vide. Kemudian masukkan daun thyme dan rosemary ke dalam beg. Vakum semua dalam beg ini.

Panaskan periuk sous vide hingga 56 darjah dan masukkan daging lembu panggang ke dalam tab mandi air. Daging kemudian mesti dimasak dalam mandi air selama 5 jam.

Selepas 5 jam, keluarkan stik dari beg dan gosokkannya. Panaskan kuali panggang dan panggang daging sebentar di setiap sisi selama maksimum 1 minit. Masukkan mentega ke dalam kuali untuk dibulatkan.

Kemudian biarkan stik di atas pinggan yang telah dipanaskan selama 3 minit.

- **Isi bison dengan kacang lebar**

Bahan-bahan untuk 2 hidangan

- 1 cawan polenta
- Garam dan lada, putih
- 1 cawan susu
- 1 cawan air
- 30 g Morel, kering (morel hitam)
- 3 protein
- Mentega
- 150 g Kacang (kacang lebar), beku
- 100 ml jus oren
- 1 sudu besar. Tarragon, daun yang dipetik
- 300 g fillet bison
- 1 sudu besar. mentega yang telah dijelaskan

Persediaan

Jumlah masa lebih kurang. 30 minit

Ikat fillet bison dalam beg plastik. Biarkan ia berendam dalam tab mandi air pada suhu 65 ° C selama kira-kira 2 jam. Buka pembungkusan fillet bison, perasakan dengan garam dan lada sulah dan biarkan semua pihak dengan ringkas dan bersungguh-sungguh mengambil warna dalam mentega yang telah dijelaskan, biarkan ia berehat selama sekurang-kurangnya 5 minit, kemudian potong kepada dua kepingan.

Masak polenta dalam campuran susu dan air dengan sedikit garam. Rendam morel, kemudian potong kecil-kecil dan masukkan ke dalam polenta yang telah disejukkan. mungkin. Tambah air rendaman morels untuk meningkatkan konsistensi. Pukul putih telur dengan sedikit garam hingga kaku, lipat di bawah polenta dan tuang adunan ke dalam loyang mentega. Bakar dalam tab mandi air pada suhu 180 ° C sehingga perang sedikit.

Biarkan kacang lebar cair, keluarkan kulit tebal. Kurangkan sedikit jus oren, masukkan mentega dan garam. Hanya panaskan kacang lebar di dalamnya sebentar. Cincang halus tarragon dan masukkan sebelum dihidangkan.

- **Sous vide salmon fillet**

Bahan-bahan untuk 4 hidangan

- 450 g fillet salmon, segar
- Minyak zaitun
- Garam dan lada sulah
- Serbuk bawang putih
- Jus lemon

Persediaan

Jumlah masa lebih kurang. 1 jam

Sediakan beg vakum yang sesuai, hamparkan salmon dengan 1 sudu teh minyak zaitun dan sedikit garam. Berhati-hati meletakkan salmon dalam beg vakum di dalam tab mandi air yang dipanaskan hingga 52 ° C dan masak selama kira-kira 20 - 25 minit.

Kemudian keluarkan salmon dari tab mandi, berhati-hati keluarkan ikan dari beg dan goreng sedikit dalam kuali, tetapi ia juga boleh dimakan secara langsung.

Susun garam dan sedikit lada sulah dengan sedikit perahan limau nipis, mengikut citarasa anda. Hidangkan pada sayur atau nasi, bergantung pada citarasa.

- **Daging rusuk tinggi - sous vide dimasak**

Bahan-bahan untuk 3 hidangan

- 4 sudu besar. Sos Worcester
- 2 sudu besar. garam
- 1 sudu besar. Lada, baru dikisar
- 1 sudu besar. minyak biji sesawi
- 1.3 kg daging lembu panggang (rusuk tinggi, dengan tulang)

Persediaan

Jumlah masa lebih kurang. 8 jam 30 minit

Gosok tulang rusuk tinggi dengan sos Worcestershire. Kemudian taburkan garam dan sapu juga. Letakkan dalam beg vakum dan tutup. Pindahkan ke bekas Sous Vide dan masak selama 8 jam pada suhu 56 ° C. Apabila masanya tamat, bakar tulang rusuk di semua sisi dalam kuali atau di atas panggangan. Kemudian potong ke dalam kepingan dan taburkan dengan lada yang baru dikisar.

Ini sesuai dengan sayur-sayuran goreng dan saus mengikut keselesaan anda.

- **Fillet daging babi dengan krim tarragon**

Bahan-bahan untuk 4 hidangan

- 1 daging babi
- 1 tandan tarragon, lebih segar
- 1 sudu besar. Mustard, berpasir
- 200 ml krim
- 1 Bawang merah
- 1 sudu besar. Minyak bunga matahari
- 10 g mentega
- Garam dan lada sulah

Persediaan

Jumlah masa lebih kurang. 1 jam 50 minit

Basuh isi daging babi, keringkan dan buang lemak dan urat yang berlebihan. Sapu dengan minyak bunga matahari, garam dan lada sulah. Basuh tarragon, goncang kering dan potong halus. Kupas dan potong dadu bawang merah.

Masukkan fillet babi dalam beg, tambah satu sudu teh tarragon dan vakum. Masak di rak 3 dalam program "Sous vide" pada suhu 65 ° C selama lebih kurang. 80 minit dalam periuk wap.

Sementara itu, peluh kiub bawang merah dalam mentega sehingga lut sinar dan kemudian cairkan dengan krim. Masukkan mustard, masukkan baki tarragon dan biarkan ia mendidih sedikit.

Apabila isi daging babi dimasak, ia digoreng dalam kuali yang sangat panas. Apabila daging sous vide telah dimasak, ia tidak mempunyai kerak. Untuk tidak mengubah titik memasak dengan ketara semasa memanggang, kuali mestilah sangat panas supaya kerak terbentuk dengan cepat. Ukir daging babi pada sudut dan susun pada krim tarragon.

- **Cod-sous-vide**

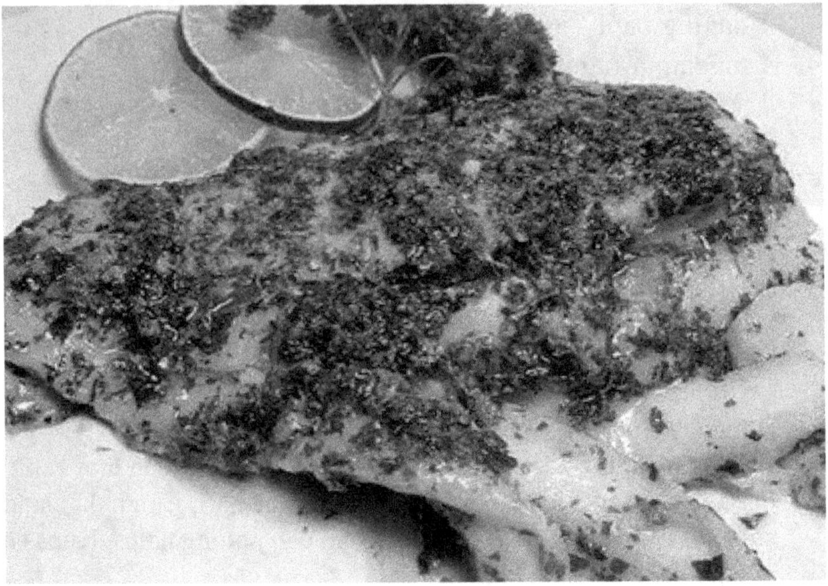

Bahan-bahan untuk 2 hidangan

- 2 fillet ikan kod
- 2 sudu besar. Pasli, kering
- 4 sudu besar. minyak zaitun
- 2 ulas bawang putih
- 1 sudu teh jus lemon
- Garam dan lada sulah

Persediaan

Jumlah masa lebih kurang. 30 minit

Buat perapan daripada minyak zaitun, pasli, bawang putih yang ditekan, jus lemon, garam dan lada sulah.

Sediakan dua beg vakum. Sapukan perapan pada isi ikan dan kimpal isi dengan alat vakum.

Masak selama 20 minit pada 52 darjah.

Petua: Putar ikan yang telah dimasak dengan cepat dalam kuali dengan mentega panas.

- **Perut babi masak sous-vide**

Bahan-bahan untuk 2 hidangan

- 500 g perut babi tanpa tulang
- 30 g garam jeruk (garam jeruk nitrit)
- 15 g Gula, perang
- 1 daun salam
- 10 buah Juniper
- 10 biji lada
- 3 biji cengkih
- 2 sudu besar. Mustard sederhana panas
- Lada hitam, dikisar kasar

Persediaan

Didihkan 300 ml air dengan garam jeruk dan gula perang dalam periuk ke dalam air garam jeruk. Biarkan air garam sejuk dan vaksin daging dengan picagari air garam.

Hancurkan beri juniper dan biji lada dan tambahkan kepada baki air garam dengan daun bay dan bunga cengkih. Letakkan perut babi dengan air garam dalam beg penyejuk beku, tutup rapat dan biarkan di dalam peti sejuk selama 12 jam.

Keluarkan daging, basuh, keringkan, perasakan dengan lada dan berus dengan mustard. Vakum perut babi dan masak dalam mandi air pada suhu 65 darjah selama 24 jam.

Apabila masa memasak tamat, keluarkan daging dari beg vakum, potong kulitnya menjadi bentuk berlian dan goreng sehingga garing di bawah panggangan di dalam ketuhar. Potong perut babi menjadi kepingan dan hidangkan dengan sauerkraut dan kentang tumbuk.

- **Itik gulung sous-vide**

Bahan-bahan untuk 6 hidangan

- 2 Kelab (itik)
- 1 buah dada itik
- Bacon, lebih gemuk
- 50 g Pistachio, dicincang kasar
- 80 g kacang macadamia, dicincang kasar
- 2 ekor kecil Telur
- krim
- garam
- Lada
- 150 g Bacon
- lada,
- garam laut

Persediaan

Jumlah masa lebih kurang. 1 jam 40 minit

Keluarkan kulit dari kaki dan dada itik, potong dadu sangat halus dan goreng perlahan-lahan dalam kuali sehingga garing. Kemudian letakkan di atas penapis untuk toskan.

Lepaskan kaki itik dan sediakan stok dari tulangnya

Potong dada itik menjadi jalur

Potong dadu halus.

Buat sandiwara dari daging kaki, krim, telur, rempah dan daging. Campurkan pistachio dan kacang dan sebahagian daripada kulit itik panggang di bawah sandiwara.

Letakkan bacon bertindih di atas papan dan sapukan sandiwara di atasnya, sapukan jalur dada itik ke atas sandiwara. Gulung semuanya dengan bacon.

Letakkan gulungan dalam beg vakum dan masak pada 60 ° selama kira-kira 1 jam.

Keluarkan gulung dari beg dan goreng sebentar di sekeliling dalam lemak itik, potong menjadi kepingan untuk dihidangkan dan taburkan dengan kulit itik panggang dan sedikit lada Tasmania yang baru dikisar dan fleur de sel.

- **Sous vide pelana babi**

Bahan-bahan untuk 4 hidangan

- 800 g daging babi
- 2 ulas bawang putih
- 3 sudu besar. mentega
- 1 daun salam
- Minyak zaitun
- Lada, hitam dari kilang
- garam

Persediaan

Jumlah masa lebih kurang. 2 jam 20 minit

Gosok bahagian belakang dengan sedikit minyak zaitun dan tutup dengan hirisan bawang putih dan daun bay dan vakum.

Letakkan dalam tab mandi air suam 60 ° selama lebih kurang. 75 - 90 minit. Sebagai alternatif, anda juga boleh menggunakan pengukus.

Masa adalah kepentingan kedua, kerana daging tidak boleh menjadi lebih panas daripada 60 °. Adalah lebih baik untuk membiarkannya lebih lama jika anda tidak pasti.

Kemudian keluarkan daging babi, biarkan mentega berbuih dalam kuali panas dan goreng sebentar daging di dalamnya. Perasakan dengan garam dan lada sulah dan potong.

Ini sesuai dengan risotto dan sayur-sayuran panggang (cth. lada runcing).

Dagingnya kemudian sangat lembut, merah jambu muda dan sangat lazat.

- **Sous vide masak kaki kambing**

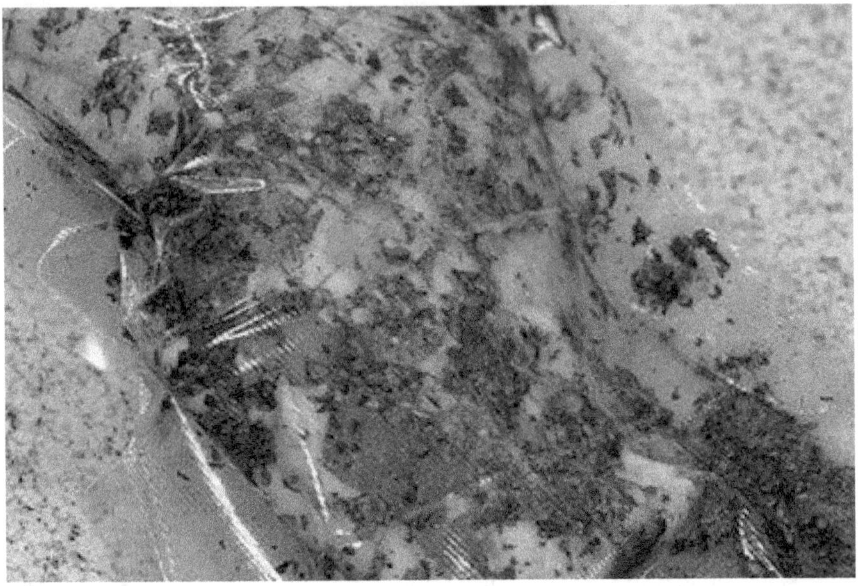

Bahan-bahan untuk 6 hidangan

Untuk perapan:

- 1 genggam Lada, hitam
- 1 genggam garam
- 1 biji bawang putih
- 1 tandan ketumbar
- 2 Bawang merah
- 1 Limau nipis

Untuk daging:

- 1 kaki kambing, dengan tulang, 2 - 3 kg
- 1 genggam garam

Persediaan

Jumlah masa lebih kurang. 18 jam 30 minit

Balut mentol bawang putih dalam kerajang aluminium dan panggang di atas panggangan atau dalam ketuhar pada 180 ° C selama satu jam.

Untuk perapan, kisar halus garam dan lada sulah dalam mortar. Belah separuh bawang putih yang telah dibakar dan sekarang lembut dan picit separuh ke dalam mortar. Cincang ketumbar dan bawang merah dan masukkan ke dalam mortar. Perah limau nipis, masukkan jus ke dalam mortar dan campurkan semuanya ke dalam ampaian.

Isi mandian air sous vide dan panaskan hingga 58 °C.

Basuh kaki kambing. Jika ia mempunyai penutup gris yang kuat, kupaskannya sedikit. Potong penutup lemak menjadi bentuk berlian, berhati-hati agar tidak mencederakan daging. Garam kaki, gosok dengan bahan perapan, masukkan baki bawang putih dan hamparkan kaki. Masak sous vide selama 18 jam (ini bukan kesilapan menaip).

Selepas masak, keluarkan kaki dari beg dan keringkan. Bakar di atas panggangan dalam api terus untuk menghasilkan aroma panggang.

- **Sous-vide kaki itik terkurung**

Bahan-bahan untuk 2 hidangan

- 2 Kaki itik
- garam laut
- Lada, hitam, baru dikisar
- 1 sudu besar. Stok itik, pekat
- 2 daun salam, segar
- 5 biji lada sulah
- 3 cakera Bawang putih, kering
- 2 sudu besar. Lemak Bertimbun (itik), disejukkan

Persediaan

Jumlah masa lebih kurang. 3 hari 8 jam 5 minit

Gosok kaki itik dengan stok itik dan garam dan lada sulah dengan baik. Vakum bersama-sama dengan bahan-bahan lain dalam beg (memandangkan sesetengah cecair disedut dengan pengedap vakum isi rumah, periksa jahitan kimpalan dengan teliti untuk memastikan kebocoran) dan masak pada suhu 80 ° C selama lapan jam, kemudian sejukkan dengan cepat dalam mandi air ais selama sekurang-kurangnya 15 minit.

Biarkan di dalam peti sejuk selama beberapa hari atau lebih lama jika boleh.

Untuk menghidangkan dalam tab mandi air, panaskan pada 75 hingga 80 ° C, keluarkan dengan teliti dari beg dan, jika perlu, perangkan kulit sebentar di bawah salamander atau gril inframerah ketuhar.

- **Asparagus dengan kari merah**

Bahan-bahan untuk 2 hidangan

- 500 g Asparagus, putih
- 2 sudu teh Pes kari, merah
- 3 sudu besar. Santan, beku
- 1 secubit gula
- 1 secubit garam
- 1 sudu teh mentega

Persediaan

Jumlah masa lebih kurang. 55 minit

Beli asparagus segar dan kupas hingga bersih.

Kemudian perasakan asparagus dengan garam dan gula - masukkan ke dalam beg. Kemudian edarkan bahan-bahan yang tinggal di dalam beg. Sapukan sedikit karipap ke atas asparagus. Saya suka menggunakan santan beku untuk kaedah sous vide. Saya biasanya memerlukan jumlah yang kecil supaya saya sentiasa mempunyai sedikit santan dalam bekas kiub ais dan boleh mengosongkannya dengan lebih mudah.

Tetapkan mandi air kepada 85 ° C dan masak asparagus selama 45 minit.

Buka beg pada akhir masa memasak. Tangkap jus dari air asparagus, kari dan santan, pekatkan sedikit dan hidangkan bersama asparagus.

- **Fillet rebus**

Bahan-bahan untuk 4 hidangan

- 1 kg daging lembu
- 1 lobak merah
- 50 g akar saderi
- 1 biji bawang besar
- 1 sudu besar. minyak
- 100 ml wain putih
- garam laut
- 6 biji lada
- 1 daun salam

Persediaan

Jumlah masa lebih kurang. 20 jam 15 minit

Kupas kulit bahagian atas daging lembu yang telah direbus. Potong dadu lobak merah, bawang besar dan saderi halus. Panaskan minyak dalam kuali dan peluh sayur-sayuran. Deglaze dengan wain putih, kurangkan hampir sepenuhnya.

Sapu fillet yang telah direbus dengan sedikit minyak, garam (jangan terlalu banyak) dan masukkan ke dalam vacuum bag. Masukkan sayur-sayuran, daun bay dan biji lada dan edarkan dalam beg. Memvakum. Masak dalam tab mandi air pada suhu 60 hingga 65 ° C selama 20 jam.

Kemudian keluarkan dari beg, keluarkan sayur-sayuran dan potong daging lembu rebus.

Daging menjadi lembut, beraroma dan mengekalkan warna merah jambu yang sekata. Rasa lazat dengan serbuk roti, sos hijau atau pada sayuran akar.

Suhu yang betul adalah sedikit tentang rasa. Saya sentiasa memasaknya pada suhu 64 ° C. Semakin lama ia kekal di dalamnya, semakin banyak struktur daging hilang. Sehari lagi dan boleh dihancurkan dengan lidah. Saya suka ia sedikit "rangup".

Jumlah setiap hidangan sudah cukup besar, seseorang boleh makan lebih banyak dengannya.

- **Ayam vanila dengan lobak merah madu**

Bahan-bahan untuk 2 hidangan

- 2 Isi dada ayam, tanpa kulit
- ½ biji vanila, dibelah dua memanjang
- 2 sudu besar. Minyak, biji anggur
- 16 Lobak merah, bayi, dikupas
- 2 sudu besar. mentega
- 3 sudu besar. Madu akasia
- garam
- Lada, hitam, tanah

Persediaan

Jumlah masa lebih kurang. 4 jam

Vakum isi dada ayam dengan minyak, pod vanila dan lada sulah dan perap sekurang-kurangnya 2 jam.

Vakum setiap 8 lobak merah dengan 1 sudu besar. mentega dan 1.5 sudu besar. Sayang.

Masak ayam pada suhu 60 ° selama 100 minit dalam mandi air atau periuk wap. Keluarkan dari beg dan goreng dalam kuali yang telah dipanaskan. Kemudian garam.

Masak lobak merah pada suhu 85 ° selama 25 minit dalam ketuhar wap atau mandi air. Kemudian masukkan ke dalam kuali yang telah dipanaskan dan goreng sehingga madu menjadi karamel. Garam dan lada sulah.

Susun di atas pinggan yang telah dipanaskan.

Sesuai dengan couscous atau polenta.

- **Stik daging lembu sous vide dengan wain merah**

Bahan-bahan untuk 2 hidangan

- 2 Stik daging lembu (stik pinggul), lebih kurang. 250 g setiap satu
- 4 cabang rosemary
- 4 dahan thyme
- 100 ml wain port
- 150 ml wain merah
- Minyak zaitun, bagus
- Mentega yang telah dijelaskan
- Garam laut, kasar
- Lada (lada stik)
- 1 sudu kecil gula timbun
- 1 sudu besar. Mentega, sejuk

Persediaan

Jumlah masa lebih kurang. 2 jam

Tepuk stik daging lembu kering dan hamparkannya dengan setangkai thyme dan rosemary serta sedikit minyak zaitun.

Panaskan mandian sous vide hingga 56 darjah dan kemudian masukkan beg ke dalamnya.

Sejurus sebelum tamat masa memasak, biarkan gula karamel dalam periuk dan cair dengan wain merah dan wain port. Masukkan baki herba dan biarkan wain mendidih perlahan-lahan.

Selepas 90 minit, keluarkan stik dari tab mandi air. Letakkan kuali dengan mentega jelas dan biarkan mentega benar-benar panas. Sementara itu, tepuk stik perlahan-lahan. Bakar stik dalam mentega sebentar selama kira-kira 5 - 10 saat pada setiap sisi, kemudian balut dengan kerajang aluminium dan biarkan hangat.

Masukkan campuran wain ke dalam kuali dan kurangkan kepada 1/3, perasakan dengan garam dan lada sulah dan pekatkan dengan sedikit mentega.

Letakkan sos di atas pinggan dan letakkan stik di atas, taburkan dengan garam dan lada sulah kasar.

Kentang bakar sangat sesuai dengan ini.

- **Salmon sous vide dimasak**

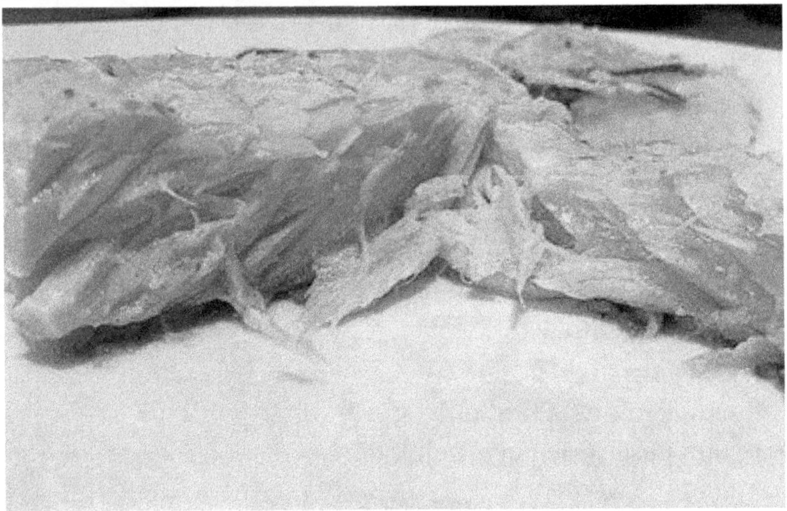

Bahan-bahan untuk 1 bahagian

- 200 g Salmon fillet dengan kulit
- 2 hirisan lemon, hiris nipis
- 2 dahan dill
- ½ ulas bawang putih, dihiris nipis
- Rosemary
- Thyme
- 2 titik minyak zaitun
- Lada

Persediaan

Jumlah masa lebih kurang. 45 minit

Sapukan salmon. Sapu sedikit dengan minyak zaitun dan lada sulah. Letakkan dalam beg sous vide. Sapukan hirisan limau dan bawang putih serta herba pada ikan dan hamparkan semuanya.

Panaskan tab mandi air dengan kayu sous vide hingga 45 ° C dan masak beg dengan kandungannya selama lebih kurang. 30 minit. Selepas 30 minit, keluarkan salmon dari bungkusan.

Anggaran Masukkan ke dalam kuali panas pada bahagian kulit selama 10 saat dan goreng sangat panas, hidangkan segera.

Semua orang kemudian boleh perasakan dengan garam, lada sulah, lemon dan cili.

- **Perut babi sous vide**

Bahan-bahan untuk 2 hidangan

- 500 g Perut babi, tidak dirawat
- 1 daun salam, segar
- 3 buah Juniper
- garam
- Lada, hitam, dari kilang

Persediaan

Jumlah masa lebih kurang. 15 jam 5 minit

Bahagikan daun bay menjadi kepingan. Perah buah juniper. Gosok perut babi dengan sedikit garam, lada ia perlahan-lahan dan masukkan ke dalam beg vakum dengan buah juniper dan daun bay.

Vakum dan masak dalam tab mandi air pada suhu 75 ° C selama 15 jam.

Hasilnya ialah perut babi yang lembut, beraroma dan berair, tetapi tidak lagi merah jambu.

- **Seluruh isi daging lembu selepas sous vide**

Bahan-bahan untuk 4 hidangan

- 500 g Fillet daging lembu, keseluruhan
- 1 cabang rosemary
- 2 sudu besar. mentega
- 2 sudu kecil garam
- 1 sudu kecil lada hitam
- 3 buah Juniper
- Beberapa jarum Rosemary

Persediaan

Jumlah masa lebih kurang. 3 jam 15 minit

Basuh seluruh isi daging lembu, keringkan dengan kertas dapur dan perlahan-lahan bawa ke suhu bilik (keluarkan ia dari peti sejuk kira-kira 2 jam sebelumnya).

Kemudian kimpal dalam foil dengan tangkai rosemary.

Mangkuk Chef Memasak sehingga maks. Isikan tanda dengan air dan tetapkan kepada 58 ° C (pakai pelindung percikan, kacau selang 3 tanpa pengacau).

Apabila suhu dicapai, masukkan fillet daging lembu yang dikimpal dan biarkan selama 3 jam. Tutup pelindung percikan supaya suhu kekal malar!

Kemudian keluarkan dari CC dan potong filem itu.

Panaskan mentega dengan garam, lada sulah, buah juniper yang ditekan dan beberapa jarum rosemary dalam kuali dan biarkan ia berwarna perang sedikit. Peperangan secara ringkas fillet pada kedua-dua belah (semuanya lebih kurang 1 min.).

Hanya potong (jangan terlalu nipis) dan hidangkan.

- **Steak rump à la dengan ciabatta**

Bahan-bahan untuk 1 bahagian

- 300 g daging lembu
- 1 pek arugula
- 100 g kacang pain
- 2 ulas bawang putih
- 100 g Parmesan
- 150 ml minyak zaitun
- 1 Ciabatta untuk membakar
- 50 g tomato ceri
- 1 biji Mozzarella
- Garam dan lada sulah

Persediaan

Jumlah masa lebih kurang. 1 jam 55 minit

Vakum isi daging lembu dan biarkan selama 10-15 min. biarkan ia berehat pada suhu bilik. Panaskan air hingga 56 ° C dan letakkan fillet di dalam tab mandi air pada suhu malar. Kira-kira Masak dalam tab mandi air selama 50 - 55 minit.

Sementara itu, bakar roti mengikut arahan pakej.

Sediakan pesto - campurkan roket, kacang pain, parmesan dan minyak sehingga anda mendapat campuran berkrim. Potong mozzarella dan tomato menjadi kiub kecil.

Potong roti menjadi kepingan dan sapu dengan pesto. Letakkan kepingan tomato dan mozzarella pada kepingan bersalut.

Panaskan kuali dan goreng stik fillet di dalamnya. Hidangkan ditaburkan dengan garam dan lada sulah.

- **Peha ayam sous vide**

Bahan-bahan untuk 1 bahagian

- 1 paha ayam besar
- Paprika
- Garam dan lada sulah

Persediaan

Jumlah masa lebih kurang. 1 jam 40 minit

Gosok kaki ayam dengan lada, garam dan paprika dan tutupkannya dalam beg vakum. Jika perlu, terdapat juga beg penyejuk beku dengan penutup slaid, di mana anda menyedut udara dengan penyedut minuman.

Panaskan mandi air hingga 82 ° C dan letakkan beg vakum di dalam tab mandi air dan masak kaki ayam selama kira-kira 90 minit pada suhu malar 82 ° C. Tidak mengapa lagi.

Apabila masa memasak dicapai, panaskan kuali gril pada tahap tertinggi, dan juga tetapkan gril besar di dalam ketuhar ke aras tertinggi serta program gril.

Keluarkan paha ayam dari beg vakum dan masukkan ke dalam kuali yang dipanaskan. Letakkan kuali dengan segera di bawah panggangan dan panggang kaki di dalam ketuhar selama 2-4 minit sehingga kulitnya garing. Kaki dimasak hingga ke tulang terakhir dan mempunyai aroma panggang yang enak.

- **Sous-vide kaki chamois**

Bahan-bahan untuk 2 hidangan

- 500 g Chamois kaki, tanpa tulang, disediakan oleh tukang daging
- 200 ml wain merah, kering
- 200 ml Dana liar
- 6 Kurma, tanpa batu
- 2 sudu besar. Cuka Epal
- 2 sudu besar. mentega yang telah dijelaskan
- 2 Bawang, ed
- 1 sudu kecil Perencah Daging rusa

Persediaan

Jumlah masa lebih kurang. 2 jam 40 minit

Goreng kaki chamois dalam mentega yang telah dijelaskan. Biarkan kaki sejuk sedikit dan kemudian tutupnya dalam kerajang. Masak dalam tab mandi air pada suhu 68 darjah selama kira-kira 2 jam.

Potong bawang menjadi batang, potong separuh daripada kurma, potong separuh lagi menjadi kepingan.

Perlahan-lahan tumis bawang dalam kuali kaki. Masukkan kurma yang telah dihiris. Deglaze dengan wain merah, jus liar dan cuka sari apel dan kurangkan kepada separuh. Masukkan rempah permainan dan hirisan kurma.

- **Filet sous vide salah masak**

Bahan-bahan untuk 4 hidangan

- 1 kg bahu daging lembu (fillet palsu)
- 2 sudu besar. mentega
- 2 sudu teh thyme
- 1 sudu kecil lada hitam
- 2 ulas bawang putih

Persediaan

Jumlah masa lebih kurang. 2 jam 30 minit

Buka bungkus fillet dan keringkan. Kupas daging dengan bersih. Gosok dengan mentega supaya lada dan thyme lebih melekat. Letakkan fillet dengan bawang putih yang ditekan dalam beg vakum dan hamparkan.

Letakkan fillet yang salah dalam peranti sous vide pada 54 ° C dan biarkan di sana selama dua jam.

Selepas dua jam, buka beg dan panggang di semua sisi selama 2-3 minit dengan api terus. Selepas memanggang, biarkan daging berehat lebih kurang 3 - 5 minit, selepas itu ia siap.

Dihiris halus, sebagai contoh sebagai permulaan, benar-benar lazat.

- **Daging sirloin masak sous vide**

Bahan-bahan untuk 2 hidangan

- 600 g daging lembu
- 1 secubit garam
- 1 secubit lada
- 2 sudu besar. Minyak bertimbun
- 1 keping kecil Mentega atau mentega herba

Persediaan

Jumlah masa lebih kurang. 1 jam 29 minit

Anda mengambil 2 300 gram daging lembu pinggang, idealnya dari penjual daging. Anda boleh mengosongkannya di tukang daging atau melakukannya sendiri di rumah, juga dengan herba.

Panaskan periuk air dan kemudian tunggu sehingga mendidih. Jangan lupa letakkan penutupnya. Sebaik sahaja air mendidih dengan betul, ia mempunyai suhu lebih kurang. 100 darjah.

Anda meletakkan periuk dengan penutup dari dapur dan tunggu kira-kira 5 minit. Kemudian air mempunyai suhu antara 85 dan 90 darjah. Sekarang masukkan daging ke dalam beg vakum di dalam air sehingga ia ditutup. Letakkan penutup semula dan biarkan mendidih selama 15 minit.

Dengan ini kita mencapai suhu teras lebih kurang. 50 darjah dalam daging. Selepas masa ini, keluarkan dari periuk dan biarkan selama 4-5 minit.

Sekarang daging keluar dari begnya. Anda mengurutnya dengan minyak dan perasakan dengan garam dan lada pada setiap sisi. Biarkan kuali panas pada masa yang sama dan kemudian bakar hujung persembahan, lebih kurang. 1.5 minit setiap sisi. Sekarang keluarkan kuali dari dapur dan tambah sekeping mentega (herba). Supaya daging bergesel dari semua sisi dan biarkan daging berehat semula.

Sekarang susun di atas pinggan dan tuangkan mentega herba yang tinggal jika perlu.

- **Kentang dengan yuzu yang ditapai**

Bahan-bahan untuk 4 hidangan

- 700 g Kentang, masak dengan kukuh
- 50 g saderi
- 50 g lobak merah
- 1 Bawang merah
- 10 g Yuzu, ditapai
- 20 ml stok sayuran
- 1 secubit gula
- Kicap

Persediaan

Jumlah masa lebih kurang. 2 jam 35 minit

Kupas kentang, potong kiub (lebih kurang 2 cm saiz tepi), rebus sebentar dalam air garam dan biarkan sejuk.

Potong saderi, lobak merah dan bawang merah menjadi kiub yang sangat halus.

Masukkan semua bahan ke dalam beg vakum bersama dengan yuzu yang ditapai, sup sayur-sayuran dan secubit gula. Sapukan vakum sederhana dan masak pada 85 ° C selama kira-kira 2 jam.

Kemudian buka beg dan perasakan dengan sedikit soya yuzu.

- **Asparagus sous vide putih**

Bahan-bahan untuk 2 hidangan

- 800 g Asparagus, putih
- 1 sudu teh gula
- 1 secubit garam
- 50 g mentega
- Herba

Persediaan

Jumlah masa lebih kurang. 40 minit

Kupas asparagus dan potong hujungnya. Masukkan lembing asparagus ke dalam beg, tambah garam, gula dan mentega dan vakum.

Masak di rak 3 dalam program "Sous vide" pada suhu 85 ° C selama lebih kurang. 30 minit dalam periuk wap.

Jika suka, anda boleh mengosongkan herba seperti basil, bawang putih liar, thyme, rosemary atau pudina dengan asparagus. Tetapi berhati-hati! Pengalaman rasa menjadi agak sengit.

- **Vide sous payudara angsa liar**

Bahan-bahan untuk 4 hidangan

- 2 Payudara angsa yang dicetuskan oleh angsa liar
- 2 sudu teh Garam, kasar
- 1 sudu kecil biji lada, hitam
- 6 buah Juniper
- 3 lada sulah
- 200 ml minyak walnut
- 100 ml wain merah
- 200 ml Dana liar
- Tepung jagung untuk penetapan

Persediaan

Jumlah masa lebih kurang. 1 jam 25 minit

Lesung rempah. Letakkan 1 payudara setiap satu dalam beg vakum. Tambah 100 ml minyak kacang ke setiap beg. Vakum dan masak dalam tab mandi air pada suhu 68 darjah selama kira-kira 1 jam.

Kemudian keluarkan, keringkan dan goreng di sekeliling kuali. Biarkan ia berehat sedikit dan kemudian potong.

Sementara itu, deglaze panggang dengan wain merah dan biarkan ia mendidih sedikit. Tuangkan stok permainan, mungkin perasakan dengan garam, lada sulah dan gula dan kemudian ikat dengan tepung jagung.

- **Arnab sous-vide**

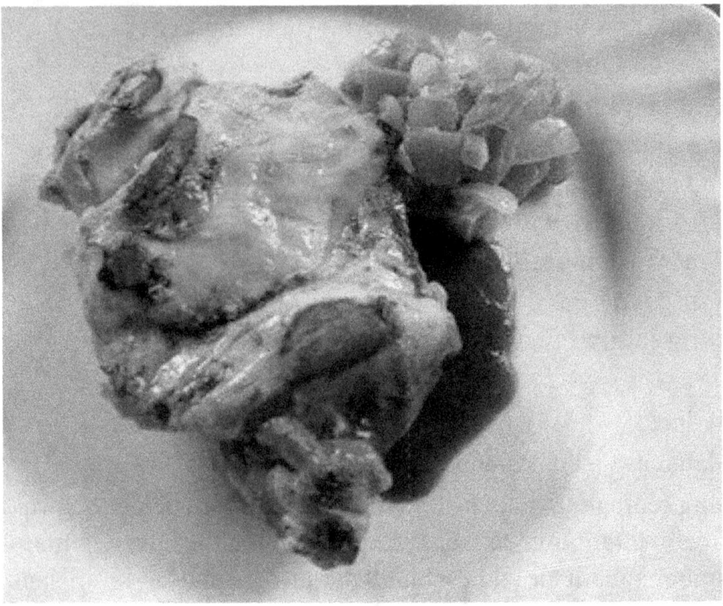

Bahan-bahan untuk 4 hidangan

- 4 Kaki arnab
- 1 Bawang besar
- 3 lobak merah
- 1 batang daun bawang
- 1 ulas bawang putih
- 1 akar saderi kecil
- Rosemary
- 2 sudu besar. minyak zaitun
- Garam dan lada sulah

Persediaan

Jumlah masa lebih kurang. 3 jam 30 minit

Basuh kaki arnab dan gosok dengan kertas dapur. Lepaskan tulang dan perasakan daging dengan garam dan lada sulah.

Kupas bawang merah, ulas bawang putih, lobak merah dan saderi dan potong kiub kecil. Potong daun bawang menjadi jalur. Peluh semuanya dalam periuk dengan 1 sudu besar minyak zaitun selama 3 minit dan biarkan sejuk. Masukkan rosemary sesuka hati. Letakkan kaki dan sayur-sayuran dalam beg vakum dan vakum.

Masak kaki arnab dalam peranti sous vide pada 65 darjah selama 3 jam.

Biarkan stok dari beg berkurangan sedikit dan masukkan ke dalam kuah. Goreng kaki dalam minyak zaitun yang tinggal. Susun sayur-sayuran dari beg di atas pinggan.

- **Leg of lamb sous vide**

Bahan-bahan untuk 4 hidangan

- 1 kg Kaki kambing, tulang
- Garam dan lada sulah
- 1 cabang rosemary
- 1 sudu besar. mentega yang telah dijelaskan

Persediaan

Jumlah masa lebih kurang. 19 jam

Garam dan lada kaki kambing yang bertulang biasanya dari semua sisi, letakkan setangkai rosemary di bukaan tulang. Lipat daging, letakkan dalam beg vakum yang sesuai dan hamparkan.

Panaskan periuk sous vide pada suhu 65 ° C, masukkan daging dan masak pada suhu 65 ° C selama 18 jam.

Selepas masa memasak, keluarkan daging dari beg, sapukan dan goreng sebentar dan kuat dalam mentega yang telah dijelaskan. Pastikan panas pada 65 ° C atau kimpal semula dan panaskan semula pada 65 ° C dalam periuk sous vide jika perlu.

Dagingnya hanya matang dan lembut.

- **Isi buaya sous-vide**

Bahan-bahan untuk 4 hidangan

- 500 g Fillet (isi buaya)
- 1 Lemon
- 1 sudu besar. minyak limau
- 3 sudu besar. minyak zaitun
- 4 biji bawang besar, potong cincin halus
- ½ Lemon, jusnya
- Lada
- garam
- 1 cabang rosemary

Persediaan

Jumlah masa lebih kurang. 4 jam 30 minit

Basuh fillet dan keringkan.

Campurkan semua bahan untuk perapan bersama. Letakkan fillet dalam beg dan tutup dengan perapan. Potong keseluruhan lemon menjadi kepingan nipis dan letakkan pada fillet.

Tutup beg Sous-vide, jika boleh, simpan dalam peti sejuk selama 1 - 2 jam. Masak perlahan-lahan dalam periuk sous vide pada suhu 80 ° C selama 3 jam.

Keluarkan fillet dari beg dan kikis secara kasar. Panaskan kuali besar dengan banyak mentega.

Hanya goreng sebentar dengan api besar supaya fillet menjadi perang keemasan.

Hidangkan segera.

Sos lemon dan quince sesuai dengan ini.

- **Salmon dengan keju krim**

Bahan-bahan untuk 2 hidangan

- 250 g Salmon, beku
- 200 g krim berganda
- 2 cawan Basmati
- 4 cawan air
- 1 Lemon
- 1 serbuk kari

Persediaan

Jumlah masa lebih kurang. 45 minit

Apabila salmon dicairkan, tepuk-tepuk sedikit kering dan kemudian perasakannya. Kemudian ia datang dalam beg vakum Sous Vide.

Tetapkan pengedap vakum dengan ketebalan ikan lebih kurang. 1.5 - 2 cm hingga 55 ° C selama 15 minit. Ikan masih berkaca dan tidak kering selepas itu, dan rasanya sedap.

Pada asasnya, adalah penting dengan beras basmati bahawa ia direndam selama kira-kira 15 minit, bergantung pada jumlahnya. Kemudian ia perlu dibilas dengan bersih sehingga air menjadi jernih dan tidak lagi seperti susu. Kemudian ia mesti disediakan mengikut arahan pengilang. campurkan beras basmati dengan sedikit perahan limau nipis selepas masak, rasanya sangat menyegarkan!

Cuma campurkan keju krim dengan sedikit perahan limau nipis dan serbuk kari. Rasanya sangat enak dan sesuai dengan salmon.

- **Sous vide kaki angsa**

Bahan-bahan untuk 4 hidangan

- 4 Kaki angsa
- 2 Jingga
- 2 biji epal
- Garam dan lada sulah

Persediaan

Jumlah masa lebih kurang. 1 hari 8 jam 40 minit

Perasakan kaki angsa dengan garam dan lada sulah. Potong kulit dari oren dan potong ke dalam kepingan. Basuh epal, empat bahagian, keluarkan inti dan potong kecil.

Letakkan kaki angsa, oren dan epal di dalam beg vakum dan vakum. Letakkan di dalam peti sejuk selama 1 hari supaya kaki angsa boleh menarik.

Masukkan kaki bersama buah ke dalam periuk sous vide dan biarkan selama 6 jam pada suhu 70 darjah. Kemudian biarkan ia curam selama 2 jam lagi pada 80 darjah.

Keluarkan kaki dari beg dan bakar sehingga garing dalam ketuhar pada suhu 200 darjah. Masukkan stok, oren dan epal dalam sos yang telah dibuat, gaul dan lulus.

Selain itu, ladu roti, kubis merah dan buah berangan berlapis rasanya sangat enak.

- **Angsa payudara sous vide**

Bahan-bahan untuk 2 hidangan

- ½ payudara angsa, lebih kurang. 300 g
- Garam dan lada sulah
- Serbuk paprika, manis mulia
- Mentega yang telah dijelaskan
- 1 Bawang merah
- Dana angsa

Persediaan

Jumlah masa lebih kurang. 12 jam 20 minit

Gosok dada angsa tanpa tulang dengan rempah, vakum dalam beg dan masak dalam mandi air pada suhu 65 darjah selama 12 jam.

Kemudian keluarkan payudara angsa dari beg. Kumpul cecair memasak.

Biarkan mentega yang telah dijelaskan menjadi sangat panas dalam kuali. Panggang dada angsa secara ringkas dan tajam di tepi rumah, sekejap supaya tidak lepas masak, keluarkan dan panaskan.

Cincang bawang merah halus, tumis dalam set panggang, tuangkan cecair memasak dan mungkin stok angsa, biarkan mendidih sedikit, kemudian ikat dengan pengikat sos atau mentega yang anda suka.

- **Daging lembu panggang kering berumur, sous vide**

Bahan-bahan untuk 4 hidangan

- 800 g Daging lembu panggang kering, dalam sekeping
- Rempah sesuka hati

Persediaan

Jumlah masa lebih kurang. 7 jam 30 minit

Bersihkan daging lembu panggang dan tutupkannya dalam beg vakum. Panaskan air hingga 52 darjah (sederhana jarang) dengan Sous vide Stick, biarkan daging dalam mandi air selama kira-kira 7 jam.

Keluarkan beg vakum dan masukkan jus daging ke dalam ulam (jika mahu).

Perasakan daging dan goreng di sekeliling dalam kuali. Potong menjadi kepingan lebih kurang. 1 cm tebal dan susun.

- **Ikan salmon di atas katil sayur-sayuran**

Bahan-bahan untuk 4 hidangan

- 1 besar Ikan salmon isi pada 4 keping, bangkai disimpan untuk bahagian belakang
- 50 g Saderi, dicincang halus
- 50 g lobak merah, dicincang halus
- 50 g daun bawang, dicincang halus
- 2 jalurKupas kulit oren, lebar, 2 kali dengan pengupas
- Pasli
- Tarragon
- Sedikit kulit oren
- 200 ml stok ikan
- 60 ml Cuka, ringan, manis (cuka balsamic epal)
- 10 biji lada, putih
- 4 lada sulah
- 40 ml wain putih
- 60 ml Noilly Prat
- 4 sudu besar. Santan, bahan pepejal
- 2 cm halia
- 2 batang Serai, di potong
- 5 helai daun limau purut
- 3 ekor keledek besar
- 2 m. Dalam saiz Kentang
- belakang
- Garam dan lada sulah

Persediaan

Jumlah masa lebih kurang. 2 jam 50 minit

Pertama isi ikan salmon dan kupas kulitnya. Tarik keluar tulang dengan sepasang penyepit ikan dan perasakan bahagian dalam dengan sedikit garam dan lada sulah fillet. Kemudian tutup bahagian dalam dengan pasli, tarragon dan kulit oren dan ketepikan fillet.

Didihkan stok ikan bersama cuka, wain putih, Noilly Prat, santan, rempah (lada sulah, lada, halia, serai, daun limau purut) dan bangkai ikan dan kecilkan kira-kira 15 - 20 minit.

Sementara itu, goreng sedikit jalur sayuran dengan kulit oren dalam sedikit mentega yang telah dijelaskan dan perasakan dengan garam dan lada sulah.

Letakkan beberapa sayuran dalam beg vakum yang sesuai, letakkan fillet pada setiap satu dan tuangkan sedikit stok. Kemudian tutup beg dengan alat vakum.

Kupas keledek dan ubi kentang, potong-potong dan kukus dalam pengukus selama lebih kurang 30 minit. Kemudian tekan melalui penekan kentang dan perasakan dengan stok pekat, garam dan lada suam dan biarkan hangat.

Masak isi ikan dalam tab mandi air pada suhu 56 ° C selama 18 minit.

Letakkan puri ubi keledek di atas pinggan yang telah dipanaskan, buka guni, sarungkan isinya pada cermin dan tutup dengan stok ikan. Hias mengikut kehendak.

- **Belakang dan kaki arnab dengan stok**

Bahan-bahan untuk 2 hidangan

- 1 punggung arnab atau 2 isi arnab
- 2 kaki arnab (paha arnab)
- 4 sudu besar mentega, sejuk

Untuk tasik:

- 1 sudu teh buah Juniper
- 1 sudu kecil biji lada
- 2 dahan thyme
- garam

Untuk dana:

- 1 Belakang arnab, termasuk tulang
- 1 mangkuk kecil sup sayur-sayuran
- 1 Bawang besar
- 2 sudu besar. minyak
- 1 daun salam
- 1 sudu kecil. biji lada

Untuk sos: (Demi-Glace)

- 1 sudu besar. mentega
- 2 Bawang merah
- 1 sudu kecil, pes tomato bertimbun
- 250 ml Wain merah, lebih kering
- 150 ml wain port
- 2 dahan thyme
- 50 g mentega

Persediaan

Jumlah masa lebih kurang. 1 hari 9 jam 45 minit

Letakkan daging dalam air garam berperisa selama 24 jam. Ini bermakna daging kekal lebih berair, mengekalkan gigitan yang menyenangkan, masin secara optimum dan sedikit berperisa.

Timbang daging dan tutup dengan sekurang-kurangnya berat air yang sama. Tambah 1.75% daripada jumlah berat daging dan air kepada garam dan larutkan dalam air. Tekan pada buah juniper dan lada dan tambahkan ke dalam air dengan thyme. Jika perlu, timbang dengan pinggan untuk memastikan kepingan daging tidak turun.

Keluarkan kaki arnab dari air garam dan keringkan. Masukkan mentega dan hamparkan bahagian peha. Masak sous vide selama 8 jam pada suhu 75 ° C. Kaki arnab kemudian boleh digoreng dalam sedikit mentega atau tulang dan diproses lebih lanjut.

Keluarkan fillet belakang dari air garam dan keringkan. Letakkan filem berpaut kira-kira 30 cm di atas meja kerja. Letakkan fillet di atas satu sama lain dalam arah yang bertentangan. Letakkan hujung nipis pada hujung tebal dan hujung tebal pada hujung nipis supaya helai seragam dicipta. Lipat filem berpaut ke atas dan putar hujungnya supaya gulungan sekata tercipta. Fillet mesti ditekan rapat supaya ia dapat disatukan selepas dimasak. Selamatkan hujung gulungan dengan benang, letakkan gulungan dalam beg vakum dan vakum. Masak sous vide selama 45 minit pada suhu 58 ° C. Roulade fillet belakang boleh dipotong dan dihidangkan dengan baik selepas dimasak. Membakar tidak perlu.

Panaskan ketuhar kepada 220 ° C untuk bahagian belakang. Potong tulang menjadi kepingan. Bersihkan sayur sup, selain pasli, dan potong kasar. Seperempat bawang. Campurkan sayur-sayuran dan minyak dan panggang dalam ketuhar selama lebih kurang. 30 - 45 minit sehingga anda mendapat warna sawo matang. Mungkin kacau rata selepas separuh masa. Masukkan sayur dan tulang ke dalam periuk besar. Keluarkan sisa panggang dari dulang dengan sedikit air dan masukkan. Masukkan daun bay, lada sulah dan pasli. Isi dengan lebih kurang. 2 l air, masak sehingga mendidih dan reneh selama 1.5 - 2 jam. Masa memasak boleh dikurangkan dengan sewajarnya dalam periuk tekanan. Tapis stok dan perah sayur dan tulang dengan baik. Perlu ada lebih kurang 1 liter lagi.

Untuk Demi-Glace, potong dadu bawang merah dan rebus hingga lut sinar dengan sedikit mentega. Masukkan pes tomato dan panggang selama beberapa minit. Masukkan wain dan wain port secara beransur-ansur dan biarkan ia mendidih hampir sepenuhnya. Masukkan stok arnab dan thyme dan biarkan ia mendidih perlahan-lahan sehingga sos menjadi berkrim. Jika hendak dihidangkan segera, ikat dengan mentega ais sejuk. Jika lebih suka ikat dengan tepung, boleh perangkan mentega dalam periuk berasingan sehingga naik bau pedas, masukkan 1 sudu besar tepung dan bakar sebentar. Berhati-hati untuk tidak membakar mentega. Tambah dengan sos dan kacau sentiasa supaya tiada ketulan. Sos terikat boleh dipanaskan semula dengan baik.

- **salad Yunani sous vide**

Bahan-bahan untuk 2 hidangan

- 1 timun
- 2 sudu teh Cuka balsamic, putih
- 3 sudu kecil gula
- 2 batang dill
- 1 biji tomato besar
- 200 g keju feta
- ½ bawang, merah
- 6 buah zaitun
- Minyak zaitun, bagus

Persediaan

Jumlah masa lebih kurang. 1 hari 15 minit

Kupas timun dan potong kepada tiga bahagian. Vakum kepingan timun dengan cuka balsamic, gula dan dill. Biarkan di dalam peti ais selama 24 jam.

Keesokan harinya, potong timun menjadi jalur yang sesuai dan letakkan di tengah pinggan. Potong keju biri-biri kepada saiz yang sama dan letakkan di atas timun. Kemudian potong tomato menjadi kepingan dan letakkan pada keju biri-biri. Taburkan sedikit lada sulah pada tomato. Akhir sekali, letakkan bawang dalam jalur nipis pada turet. Hiaskan dengan buah zaitun dan tuangkan minyak zaitun ke atas salad seperti yang dikehendaki.

Dengan mengosongkan timun mendapat rasa yang lebih pedas. Masa berbaloi.

- **Daging lembu sous-vide gaya picanha**

Bahan-bahan untuk 4 hidangan

- 1.2 kg daging lembu
- 3 sudu besar. minyak zaitun
- 3 cabang rosemary
- 1 mentega yang telah dijelaskan
- Garam dan lada sulah

Persediaan

Jumlah masa lebih kurang. 1 hari 1 jam

Seboleh-bolehnya, fillet rebus harus masih mempunyai lapisan lemak setebal 0.5-1 cm, seperti picanha Brazil. Ini dipotong menjadi bentuk berlian tanpa memotong daging.

Letakkan daging dengan minyak zaitun dan jarum rosemary yang dilucutkan dalam beg vakum, meterai vakum dan meterai. Jangan tambah garam. Panaskan dalam termalizer pada 56 darjah selama 24 jam. Keluarkan daging selepas masa memasak, tangkap sedikit kuah yang telah terbentuk. Ini boleh ditambah kepada sos wain merah yang disediakan, sebagai contoh.

Goreng daging dalam mentega yang dijelaskan dari semua sisi, perasakan dengan lada dan garam. Potong lebih kurang. hirisan setebal 1 cm merentasi bijirin. Bahagian dalam daging berwarna merah jambu (sederhana).

Terdapat, sebagai contoh, kacang bacon, chanterelles dan kroket atau gratin kentang

- **Sous daging babi yang ditarik dalam gaya Asia**

Bahan-bahan untuk 3 hidangan

- 1½ kg Leher babi tanpa tulang
- 2½ sudu kecil serbuk lima rempah
- ¼ cawan sos hoisin
- 3 sudu besar. kicap
- 3 sudu besar. Sayang
- 2 sudu besar. Wain beras (wain beras Shaoxing)
- 2 sudu besar. Halia, lebih segar, parut
- 2 sudu besar. Bawang putih, ditekan
- 1 Lemon, kupasnya

Persediaan

Jumlah masa lebih kurang. 20 jam 35 minit

Anda memerlukan periuk sous vide, peranti vakum dan beg vakum. Saya rasa anda boleh menggunakan beg penyejuk beku yang sangat padat, tetapi saya tidak akan benar-benar mempercayai ketumpatannya.

Jika anda mempunyai leher babi dengan tulang, anda sama ada perlu mengeluarkannya atau meletakkan dua beg di atas satu sama lain untuk memasak sous vide supaya tulang tidak membuat lubang di dalam beg dan air masuk ke dalamnya.

Sama ada biarkan leher babi keseluruhan atau potong menjadi kiub kasar. Kelebihan keratan sebelum ini ialah panjang gentian daging sudah ditentukan.

Campurkan baki bahan untuk perapan dan gaul sebati.

Sekarang potong beg menjadi saiz yang cukup besar untuk memasak sous-vide dan bermurah hati. Sudah mengimpal jahitan dengan pengedap vakum dan masukkan daging ke dalam pembukaan beg.

Tuangkan sos dan hamparkan beg - berhati-hati agar tidak mengeluarkan sos.

Masukkan air secukupnya ke dalam periuk sous vide pada suhu 70 ° C. Apabila suhu tercapai, masukkan beg supaya ia tenggelam sepenuhnya. Petua: Saya sentiasa menambah air panas untuk menjimatkan masa. Biarkan daging dalam tab mandi air selama 20 - 24 jam.

Sementara itu, pastikan anda menyemak sama ada masih terdapat cecair yang mencukupi dan, terutama sekali, sama ada beg itu terapung dari daging akibat perkembangan wap. Jika ya, anda perlu mengadu dan menekan di bawah permukaan. Kutleri, penyepit, dll. boleh digunakan untuk ini - hanya apa-apa, sila, yang menjauhkan air daripada daging, seperti pinggan dan sebagainya.

Pilihan: Untuk kerak yang ringan, panaskan ketuhar pada suhu maksimum dan panggangan atau api atas.

Selepas masak, keluarkan beg, potong sudut kecil dan tuangkan cecair yang bocor ke dalam periuk. Keluarkan daging dari beg. Sekarang ia secara teorinya telah selesai dan boleh diambil.

Atau untuk kerak ringan, keringkan daging di bahagian luar. Letakkan dalam pinggan kalis ketuhar yang besar dan panggang dalam ketuhar sehingga kerak ringan terbentuk. Kemudian carik daging dalam mangkuk besar. Itu sepatutnya sangat mudah. Sekarang tambahkan kulit lemon.

Cuba daging: jika terlalu kering, tambah sedikit cecair. Jika tidak, perlahan-lahan mendidih cecair yang bocor di atas dapur.

Untuk melakukan ini, anda perlu menggunakan spatula silikon tahan panas untuk kacau sentiasa dan gerakkan sos di bahagian bawah periuk, kerana cecair mengandungi madu dan sos hoisin - kedua-duanya cenderung terbakar.

Apabila konsistensi yang diingini dicapai, sos boleh ditambah ke dalam daging dan dicampur, atau dihidangkan secara berasingan. Saya biasanya mencampurkannya. Campuran juga boleh digemburkan dengan baik dengan sedikit air.

"Babi Yang Ditarik" dalam gaya Asia ini agak manis dan kini boleh dimakan dalam apa jua cara: pada roti burger, dalam bungkus, taco, dll.

Daging sangat baik dengan sesuatu yang garing, serta dengan sedikit asid, seperti sesuatu yang bertatah. Sebagai contoh, saya mengambil beberapa hirisan timun yang telah direndam sebentar dalam campuran cuka-air-gula-garam, atau bawang merah yang telah dihiris dengan secubit garam dan gula, dan cuka ringan dengan garpu, atau coleslaw klasik. Saya juga mendapati jagung dan daun bawang sangat bagus.

Pembekuan berfungsi dengan mudah sejurus selepas memasak sous vide. Sejukkan dengan cepat, vakum semula dan beku semasa masih dalam beg di dalam tab mandi ais.

Gunakan dalam masa kira-kira 4 minggu.

Untuk melakukan ini, nyahbekukan daging perlahan-lahan di dalam peti sejuk selama 2 hari, kemudian letakkannya di bawah panggangan atau goreng di sekeliling dalam kuali. Ini hanya berfungsi jika daging sejuk dan oleh itu lebih pejal daripada terus dari periuk sous vide. Kemudian angkat dan, jika perlu, bawa mereka kembali ke suhu penuh dalam ketuhar gelombang mikro atau dalam periuk.

Jumlahnya adalah untuk 4 orang - daripada 1.5 kg selepas memasak sous vide lebih kurang. 1.1 kg - dikira dengan murah hati dan berbeza-beza bergantung pada tujuan.

- **Telur sous-vide**

Bahan-bahan untuk 1 bahagian

17. 1 biji telur, saiz L
18. 1 secubit garam dan lada sulah

Persediaan

Saya telah menetapkan sous vide stick kepada 62 ° C. Kemudian letakkan telur atau telur dalam tab mandi air selama 45 minit.

Pada suhu yang saya tetapkan, kuning telur masih sangat cair - sebab itu ia juga boleh digunakan sebagai topping untuk pasta atau hidangan lain. Kuning telur lebih pejal pada lebih kurang. 68 ° C dan tidak mengalir di seluruh plat. Selepas masak, madamkan telur di bawah air sejuk, pukul dengan pisau dan letakkan di atas pinggan. Haluskan dengan garam, lada sulah dan rempah lain mengikut kesukaan.

40. Pork knuckle sous vide

Bahan-bahan untuk 1 bahagian

- 1 buku jari babi atau buku jari babi
- Rempah sesuka hati

Persediaan

Jumlah masa lebih kurang. 1 hari 5 jam 20 minit

Buku jari babi segar yang belum diawet, juga dikenali di tempat lain sebagai buku jari babi atau di Austria sebagai kaki, dibasuh, dikeringkan dan dimasukkan ke dalam beg vakum. Ini diikuti dengan rempah sesuka hati. Saya suka menggunakan campuran rempah panggang lada benggala (pedas dan manis), lada, bawang putih, garam dan sedikit gula. Kemudian udara diekstrak sejauh mungkin dan beg itu dimeterai kedap udara. Saya menggunakan peranti vakum untuk ini (ia juga mungkin untuk mengeluarkan udara dengan cara lain dan mengelak beg itu dengan selamat. Saya tidak mempunyai pengalaman dengan itu.) Sekarang beg itu masuk ke dalam tab mandi air selama 28 jam pada 70 darjah Celsius.

Selepas mandi, shank dikeluarkan dari kantung dan kulit shank dipotong menjadi bentuk berlian. Buku jari diletakkan di dalam periuk dan dituangkan dengan cecair dari beg. Kini kulitnya digoreng garing di dalam ketuhar pada suhu 160 darjah Celsius dalam masa kira-kira 45 minit dan buku jari yang lembut mentega tetapi rangup selesai.

- **Leg of lamb sous vide**

Bahan-bahan untuk 6 hidangan

- 1 kaki kambing, lebih kurang. 1.5 - 2 kg
- 3 dahan Thyme
- 2 Rosemary
- 1 keping mentega
- 2 sudu kecil serbuk bawang putih

Persediaan

Jumlah masa lebih kurang. 20 jam 40 minit

Kupas kaki kambing, gosok dengan serbuk bawang putih, garam dan lada sulah dan masukkan ke dalam beg. Tambah 2 - 3 tangkai thyme dan rosemary (sebaik-baiknya lebih sedikit thyme dan sedikit rosemary) dan sedikit mentega. Vakum beg dan letakkan di dalam tab mandi air yang dipanaskan hingga 57 ° C. Keluarkan selepas 20 jam memasak, keluarkan herba dan keringkan. Sekarang letakkan kaki kambing di atas panggangan (atau ketuhar) yang dipanaskan hingga 300 ° C dengan haba tidak langsung dan panggangan selama lebih kurang. 8 - 10 minit.

- **Sayur paprika sous vide**

]

Bahan-bahan untuk 4 hidangan

- 3 Lada benggala, merah, kuning, hijau
- 1 cabang rosemary
- 20 g mentega
- Garam dan lada sulah

Persediaan

Jumlah masa lebih kurang. 1 jam 15 minit

Kupas lada dengan pengupas dan potong menjadi kepingan bersaiz gigitan. Isikan bersama dengan rosemary dan mentega dalam beg vakum dan vakum.

Letakkan dalam peranti sous vide pada 90 ° C selama lebih kurang. 60 - 90 minit. Kemudian keluarkan dari beg dan perasakan dengan garam dan lada sulah. Aroma penuh lada dikekalkan.

Sesuai sebagai iringan yang enak untuk semua jenis hidangan.

- **Saffron adas sous vide**

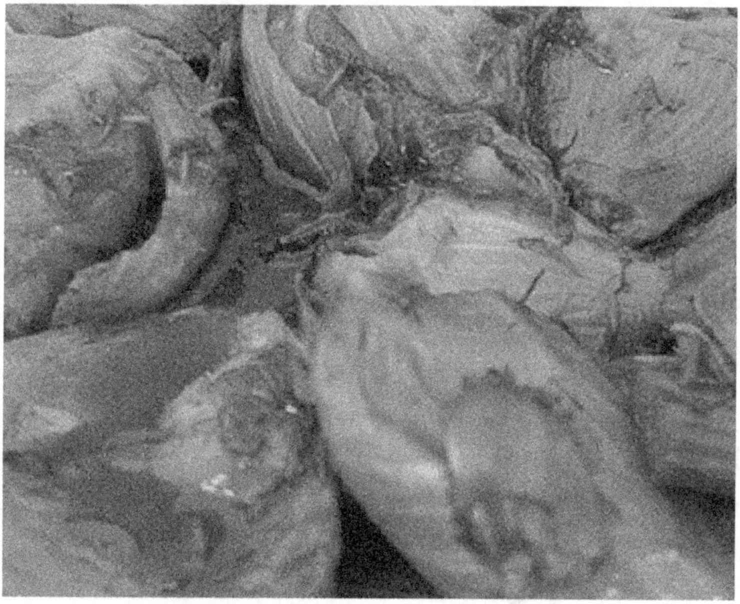

Bahan-bahan untuk 4 hidangan

- 2 tuberfennel
- 1 g kunyit
- 100 ml stok ayam
- 20 ml minyak zaitun
- 3 g garam

Persediaan

Jumlah masa lebih kurang. 3 jam 20 minit

Potong adas memanjang menjadi kepingan setebal kira-kira 6 mm. Di mana daun bergantung bersama melalui tangkai, hirisan terhasil.

Batang dan bahagian luar boleh digunakan dengan baik untuk sup krim adas.

Vakum hirisan bersama bahan-bahan lain dalam beg hampagas. Masak dalam tab mandi air pada suhu 85 ° C selama 3 jam.

Keluarkan dari beg dan kurangkan stok memasak kepada lebih kurang. 1/3 daripada jumlah.

Hidangan sampingan yang menarik dan berkesan, contohnya dengan hidangan daging dan ikan.

- **Daging lembu panggang dengan kerak walnut**

Bahan-bahan untuk 4 hidangan

- 1 kg daging lembu panggang
- 150 g Walnut, dicincang
- 1½ sudu besar. mentega
- 50 g Parmesan, dihiris halus
- 4 sudu besar. Herba, cincang, Mediterranean
- Garam dan lada sulah

Persediaan

Jumlah masa lebih kurang. 5 jam 30 minit

Perasakan daging lembu panggang dengan garam dan lada sulah dahulu. Kemudian kimpal dalam vakum. Masak daging lembu panggang pada suhu 63 ° C menggunakan kaedah sous vide selama kira-kira 4 - 5 jam.

Sementara itu, buat kerak daripada walnut, mentega, parmesan, herba, garam dan lada. Sebaik-baiknya masukkan semua bahan campuran ke dalam beg beku. Dalam ini anda menggulung bahan rata ke saiz yang diperlukan. Kemudian kerak masuk ke dalam peti sejuk. Kemudian anda boleh memotong kerak dengan saiz yang betul dengan pisau tajam termasuk foil. Keluarkan kerajang dan edarkannya tepat pada daging.

Panaskan ketuhar hingga 220 ° C fungsi gril 20 minit sebelum dihidangkan dan pada akhir masa memasak.

Goreng daging lembu panggang dalam kuali yang sangat panas dengan sedikit lemak pada setiap sisi untuk masa yang sangat singkat (30 saat).

Keluarkan daging lembu panggang dari kuali dan masukkan ke dalam loyang. Sekarang letakkan kerak pada daging. Masukkan ke dalam ketuhar dan keluarkan daging hanya apabila keraknya bagus dan perang. Walau bagaimanapun, ini tidak mengambil masa yang lama, paling lama 5 minit.

Kini anda boleh menikmati daging panggang merah jambu yang sempurna dengan kerak. B. dengan sayur daun bawang dan spaetzle.

- **Fillet daging lembu, tanpa hangus**

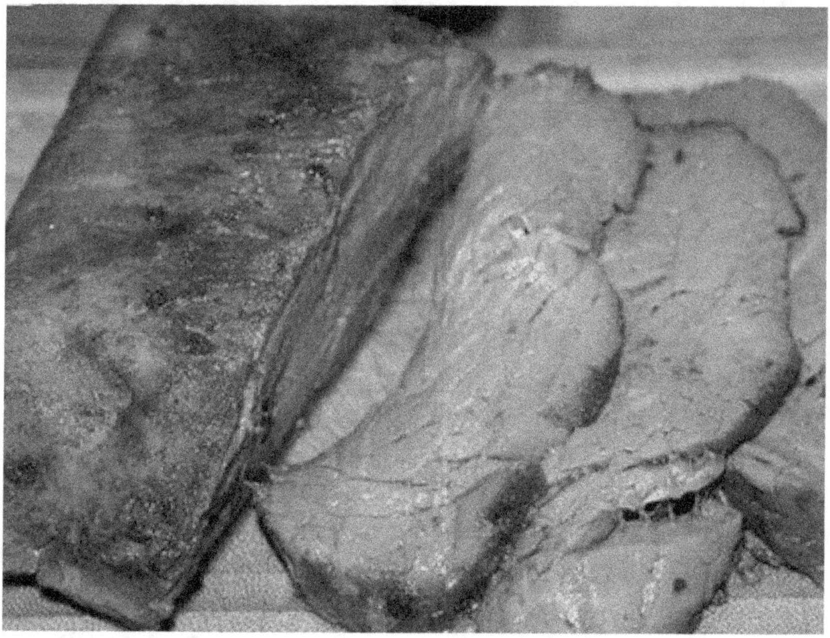

Bahan-bahan untuk 2 hidangan

- 400 g fillet daging lembu (kepingan tengah)
- 1 sudu besar. Sos Worcester
- ½ sudu kecil Pimentón de la Vera, lembut
- 1 sudu kecil serbuk paprika, pedas
- 1 sudu kecil gula tebu mentah yang ditimbun
- 1 sudu kecil, daun kucai bertimbun, dr.

Persediaan

Jumlah masa lebih kurang. 15 jam 10 minit

Letakkan fillet dalam beg vakum. Campurkan semua bahan lain dan masukkan ke dalam beg. Gosok fillet dengan bahan dalam beg. Kemudian vakum. Sebaiknya biarkan fillet perap semalaman.

Keluarkan fillet dari peti sejuk 2 jam sebelum memasak. Panaskan ketuhar sous vide yang sesuai hingga 55 ° C. Letakkan fillet di dalam ketuhar selama 3 jam.

Keluarkan dari beg, potong dan hidangkan segera.

- **Steak tuna pada bayam kelapa**

Bahan-bahan untuk 2 hidangan

- 2 stik tuna, 250 g setiap satu
- 250 g daun bayam
- 1 keping kecil halia, kira-kira 2 cm
- 1 sudu besar. minyak zaitun
- 3 sudu besar. minyak bijan
- 1 Bawang merah
- 1 sudu besar, biji Bijan yang ditimbun, dibakar
- 100 ml santan
- 1 jari bawang putih
- Garam dan lada sulah

Persediaan

Jumlah masa lebih kurang. 55 minit

Biarkan bayam cair dan perah dengan baik. Kupas dan parut halia. Kupas bawang merah dan bawang putih dan potong kiub kecil.

Panaskan minyak zaitun dan tumis bawang merah dan bawang putih. Masukkan bayam dan rebus selama 10 minit. Campurkan santan, minyak bijan dan bijan panggang bersama. Perah halia parut dan masukkan semua ke dalam bayam. Perasakan dengan garam dan lada sulah.

Masak stik tuna yang telah divakum dalam mandian sous vide selama 40 minit pada suhu 44 darjah Celsius.

Apabila semuanya sudah siap, buka bungkus stik tuna, keringkan dan bakar selama 30 saat pada setiap sisi. Perasakan dengan garam dan lada sulah.

- **Payudara itik à l'oren**

Bahan-bahan untuk 2 hidangan

- 2 payudara itik tanpa tulang
- 1 Oren
- 10 biji lada
- 2 cabang rosemary
- 20 g mentega
- 20 g mentega diperjelas
- 1 sudu besar. kicap
- 1 sudu besar. Cuka wain putih
- 1 sudu besar. Sayang
- 100 ml wain merah

Mentega untuk menggoreng

Garam dan lada sulah

Persediaan

Jumlah masa lebih kurang. 2 jam 45 minit

Basuh dada itik, keringkan dan hamparkannya dengan isi oren, lada, rosemary dan mentega. Letakkan dalam peranti sous vide pada 66 darjah selama 90 minit.

Kemudian keluarkan dari beg. Kumpul dan simpan cecair dan kandungan lain. Keluarkan biji lada. Potong kulit payudara itik dalam bentuk berlian. Goreng di bahagian tepi kulit hingga keperangan dan garing. Keluarkan payudara itik dari kuali dan pastikan ia hangat.

Masukkan oren, rosemary dan kuah dari beg ke dalam kuali. Masukkan kicap, cuka wain putih, madu dan wain merah dan biarkan mendidih. Pasang dengan mentega sejuk jika perlu. Garam dan lada sulah.

Gandingkan dengan kentang duchess dan sayur rangup.

- **Pelana kambing dengan gratin kentang**

Bahan-bahan untuk 3 hidangan

- 3 pelana kambing, dilepaskan (salmon kambing)
- 500 g kentang
- 3 Rosemary
- 1 cawan Krim, lebih kurang. 200 g
- 3 Cili
- 1 biji telur
- Thyme
- ⅛ Susu liter
- 3 ulas bawang putih
- Garam dan lada sulah
- Minyak zaitun

Persediaan

Jumlah masa lebih kurang. 1 jam 15 minit

Vakum pertama setiap rak kambing dengan 1 ulas bawang putih, 1 tangkai rosemary, sedikit thyme dan sedikit minyak zaitun. Kira-kira Masak selama 60 minit pada 54 ° C sous vide.

Sementara itu, kupas kentang, potong menjadi kepingan nipis dan letakkan di dalam loyang.

Pukul krim, susu dan telur dan perasakan dengan garam dan lada sulah. Saya suka makan pedas dan tambah 3 biji cili kecil. Tuangkan cecair ke atas kentang, sapukan keju di atas dan tolak acuan ke dalam ketuhar selama lebih kurang. 45 minit pada 200 ° C.

Sebaik sahaja daging siap, lepaskannya dari vakum dan bakar di sekelilingnya.

Layan saja.

- **Rak kambing**

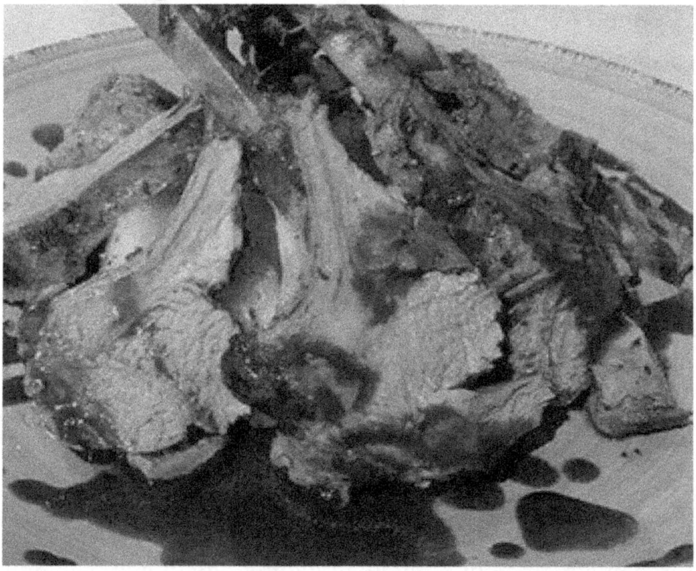

Bahan-bahan untuk 4 hidangan

- 2 Rak Domba (Mahkota Domba)
- 8 Cawangan Thyme
- 2 ulas bawang putih
- Minyak zaitun
- Garam dan lada sulah

Persediaan

Keluarkan mahkota kambing dari peti sejuk, angkat dan bawa ke suhu bilik.

Kemudian letakkan mahkota dalam beg vakum dan perasakan dengan minyak zaitun, garam dan lada dan tambahkan 3 tangkai thyme. Kemudian vakum.

Jika anda tidak mempunyai peranti vakum, anda juga boleh menggunakan helah berikut: Isi

mangkuk dengan air sejuk. Letakkan daging dalam beg penyejuk beku biasa dan simpan di bawah air hanya setakat ini supaya tiada air boleh memasuki bukaan. Kemudian tutup dengan klip di bawah air - siap.

Kemudian letakkan kambing yang telah divakum dalam tab mandi air dan biarkan ia curam selama kira-kira 25 minit pada suhu 58 darjah.

Keluarkan kambing dari beg. Perapkan baki tangkai thyme dan bawang putih yang dicincang kasar dan dihancurkan dalam kuali dengan minyak zaitun. Kemudian masukkan kambing ke dalam kuali dalam satu bahagian dan goreng sebentar di sekeliling untuk mendapatkan aroma panggang.

Kemudian hidangkan.

KESIMPULAN

Adakah kaedah memasak moden bermodel baru ini benar-benar berbaloi untuk dilaburkan untuk masakan rumah setiap hari? Saya akan berkongsi sebab mengapa saya fikir sous vide ialah alat praktikal untuk segala-galanya daripada makan malam mingguan hingga ke pesta makan malam yang mewah.

Walaupun teknik ini kelihatan sangat asing dan cerewet — kantung plastik? Alat berteknologi tinggi? Siapa yang memerlukan semua itu di dapur? Tetapi kelebihan sous vide, yang begitu terkenal oleh restoran, juga boleh sangat membantu tukang masak di rumah.

Sous vide menyediakan kawalan rendah di dapur untuk menyampaikan makanan paling lembut dan berperisa yang pernah anda makan. Dengan ini, sangat mudah untuk mendapatkan hasil kualiti restoran dari hujung ke tepi.

Sebab yang paling menakjubkan bagi saya ialah kesederhanaan dan fleksibiliti sous vide. Jika anda memasak untuk pelbagai pilihan makanan atau alahan, memasak sous vide boleh menjadikan hidup lebih mudah. Sebagai contoh, anda boleh memasak ayam yang diperap dalam banyak rempah serta ayam hanya ditaburkan dengan garam dan lada sulah pada masa yang sama supaya pelbagai kategori orang akan gembira!

www.ingramcontent.com/pod-product-compliance
Lightning Source LLC
LaVergne TN
LVHW011020061026
849535LV00006B/1975